習仲勲の生涯

改革開放の立役者

夏蒙・王小强[著]
水野衛子[訳]

科学出版社東京

同心同德，团结奋斗，
坚持改革，开拓前进。

田纪云
一九八七年□月廿□

出版にあたって

　改革開放が中国の特色ある社会主義の道を拓き、中国の新世紀を拓きました。鄧小平がこの道の創設者であり、総設計師であることを歴史は永遠に忘れないでしょう。彼とともにこの茨の道を切り拓いた戦友、部下たち、こうした元勲たちが一致団結して何億もの中国人と共同で今日への道を拓いてきたのです。彼らの貢献を大書きし、その事跡を記憶に留めたい。彼らは改革開放を歩む広大な党員幹部の模範です。

　そうした改革開放の元勲たちを偲び、読者に彼らに学んでもらうため、「改革開放元帥の伝記と写真」シリーズを早く読者にお届けするため、それぞれの執筆状況に合わせて分冊方式での出版を決定しました。

　中国は改革開放の新時代に入り、習近平同志を総書記として党中央は新しい時代の改革開放新宣言を発表しました。この宣言を実現するためには、時代とともに進み、時代を先駆ける精神と何事にも畏れぬ勇将と改革開放に投身する無数の幹部と何億の民衆の共同奮闘が必要です。そうして初めて私たちの偉大な事業は前進していくのです。

人民出版社

2014 年 8 月

i

習仲勛（1913～2002）略歴

　傑出したプロレタリア革命家であり、中国共産党と中国人民解放軍の卓越した政治指導者で、陝甘辺区革命根拠地の主要な創建者指導者の一人であり、中国改革開放事業の重要な開拓者である。

　陝西省富平県の人。1926 年共青団に入団、1928 年獄中で中国共産党員となる。1932 年両当クーデターの発動を指導。戦争中は中共陝甘辺区特別委員会軍事委員会書記兼陝甘辺区遊撃隊総指揮部政治委員、陝甘辺区ソビエト政府主席、中共関中特別委員会書記県保安司令部政治委員、中共綏徳地委書記兼警備司令部政治委員、中央組織部副部長、中共西北中央局書記、西北野戦軍副政治委員、第一野戦軍副政治委員、陝甘寧晋綏聯防軍区政治委員を歴任。新中国成立後は中央人民政府委員会委員と中央人民政府人民革命軍事委員会委員、第一野戦軍暨西北軍区政治委員、西北軍政委員会副主席、中共中央西北局第二書記（彭徳懐が朝鮮戦争に行ってからは習仲勛が全面的に西北党政軍の仕事を担当）、政務院文教委員会副主任、中央宣伝部部長、政務院秘書長、国務院副総理兼秘書長。改革開放時期は、中共広東省委員会第一書記兼広東省省長、広州軍区第一政治委員、中央書記処書記、中央政治局委員、全人大常務委員会副委員長を歴任。

　習仲勛は中国人民の解放軍の事業と新中国の誕生のため、社会主義革命とその建設事業のため、改革開放と中国の特色のある社会主義建設のため奮闘し、決して消えることのない歴史的功績を残した。

訳者はしがき

　本書は人民出版社刊行、夏蒙、王小強共著の『習仲勛画伝』の翻訳です。

　習仲勛の存在を知ったのは、実は息子の習近平が中国国家主席に就任してからのことです。大学に入り、現代中国に興味を持ち始めた時機がちょうど香港への密航者や泳いで広東から脱出する人が多いと話題になっていた頃で、あの当時、広東省書記だった習仲勛が捕まった密航者に、これも祖国が貧しいせいだ、すまないと泣いて詫びたという話に興味を持ったものです。

　その習仲勛の伝記を訳すという思いがけない機会を得て、晩年のエピソードもさることながら、若いときからの際立った革命家としての姿に大きな感銘を受けました。特に印象的な点は3つあります。

　まず、新中国になる前の共産党内に存在した極左主義に対する鋭い批判精神、それを身の危険を恐れず毛沢東に直言した勇気です。新中国成立後は、第10世パンチェン・ラマとの親交やその他の少数民族の指導者、党外人士との交流に見られる温かい人間性に惹かれます。そして、政治的に失脚し、周恩来総理の秘書長から地方の一工場の副工場長になったときに、「革命は高級官僚になることではない。大衆と共にあることだ」と言って下放されていったというエピソードは、最も深い感銘を受けた部分です。

　というわけで、これはよくある共産党の偉人伝ではなく、血もあり肉もある優れた共産党指導者が確かに存在したのだということを思い知らされる伝記になっています。豊富な写真資料も非常に興味深く、若い頃の習近平が実は大変なハンサムであったことも思いがけない発見でした。

iii

本文にも出てくる習仲勲のドキュメンタリーと言うのは、習仲勲の生誕
百周年を紀念して、CCTV 中央電視台によって制作され、2013 年に放映
された 6 回シリーズのドキュメンタリー『習仲勲』のことで、本書の著者
の 1 人の夏蒙はその監督でもあります。同シリーズは日本でも動画サイト
YOUTUBE で見ることができます。また、2014 年に制作された 48 話の
ドラマ『歴史転換中の鄧小平』には習仲勲も重要な役柄として登場し、特
に広東を経済特区とする起死回生の決断を鄧小平と習仲勲が決死の覚悟で
下すシーンは、このドラマの中でも白眉のシーンの 1 つです。ちなみに、
ドラマの中で習仲勲を演じているのは当代きっての人気実力派俳優で大変
話題になりました。これらの映像作品を観て本書を読むと、改めて習仲勲
の類まれな気迫に心を打たれます。機会があれば、ご覧になることをお薦
めします。

　2017 年 5 月

水野衛子

目　次

出版にあたって .... *i*

習仲勲略歴 .... *ii*

訳者はしがき .... *iii*

1　淡村塬の農家の少年 *1*

2　獄中で共産党員となる *10*

3　両当クーデターの銃声 *14*

4　劉志丹、謝子長に初めて会う *21*

5　照金革命根拠地を作る *26*

6　陳家坡会議で危機を挽回 *33*

7　辺区政府の坊や主席 *39*

8　誤って反革命分子として粛清される *47*

9　西北ソビエト区が紅軍長征の終点となる *52*

10　延安のために南大門を守る *57*

11　"党の利益が第一" *65*

12　延安の北門を守る *74*

13　革命の"両地書" *81*

14　爺台山反撃戦 *86*

15　毛沢東の９通の手紙 *91*

16　横山起義を策動する *99*

17　辺区各部隊は彭徳懐の配下に入り、習仲勲が指揮することに ... *104*

v

18	土地改革の極左を正し、毛沢東がこれに完全に同意する	....	113
19	"すべては前線のため、すべては新区の発展のため"	....	120
20	大西北を経略する	....	128
21	中央人民政府特命代表	....	140
22	毛沢東いわく「諸葛亮孔明よりすごい」	....	147
23	すご腕の中央宣伝部長	....	153
24	国務院の"大番頭"	....	160
25	周総理の"内交部長"	....	166
26	受勲命令を宣読する	....	182
27	国務院に陳情制度を設ける	....	186
28	大躍進ブームの中でも冷静	....	190
29	西安の城壁を三度補修する	....	203
30	秦腔と京劇	....	208
31	小説『劉志丹』事件	....	216
32	冤罪16年、二度洛陽に下放される	....	222
33	65歳で広東書記になる	....	231
34	冤罪事件に大なたをふるう	....	239
35	密出国ブームを抑える	....	246
36	中央に権利を求め、広東を先に一歩進ませる	....	253
37	命がけの特区建設で見いだす起死回生の道	....	262
38	再び中南海に	....	277
39	海は百川を納める	....	292

結 び 309

習仲勲の生涯 313

1

淡村塬の農家の少年

　中国の歴史上、関中の大地は輝かしい歴史の重みを背負っている。秦、漢、隋、唐など十三の王朝がここに都を置き、次々と為政者が代わっていった。詩聖杜甫もここに足を停めて、こう感慨を漏らしている。「秦よりここは帝王の州であった」と。そして、陝西中部に位置する富平は「関中の名邑」の美名のとおり、北は橋山に接し、南は渭水があり、黄土高原の雄大さと広々とした川を見渡せる、見晴らしよくかつ関所としても優れた土地である。秦の厲共公21年（紀元前456年）に県が置かれ、今に至るまで2400年余りの歴史がある。

　富平には富庶と太平の意味があり、先人たちの素朴で敬虔な国への理想が込められている。現地の者なら誰でも知る歌がある。「文は楊爵、武は王翦、孝行息子は梁悦、忠臣は張紞、太子太保孫丕揚、魏徴夢見て龍王を斬る」と歌い継がれるのは1000年来の国のため、民のため志を立てた偉人とその神話である。近現代になると、さらに張青雲、焦子敬、張義安、胡景翼らの英雄が次々と登場し、救国救民の道をバトンタッチしていった。

　1913年10月15日、旧暦の癸丑年9月16日、習仲勲は富平県西部の淡村塬のごく普通の農家（現在は淡村鎮中合村中合組）に生まれた。習家と富平の関係は19世紀末に遡る。1885年（光緒11年）初め、習仲勲の祖父の習永盛と妻の張氏はそれぞれ肩に男の子と女の子を担いで、河南の鄭州から西へ西へと流れてきた数年に及ぶ旅を終えて、淡村塬東頭の都村川に腰を落ち着け、雇われ労働者をしつつ、土地を借りて畑を耕し始めた。

　淡村塬はわずか数十里四方、土地がよく肥えて農業に適しており、特に

1

都村一帯は土地が肥沃で、諺にも「淡村で肥しを撒き、都村で泊まる」と言った。だが、光緒初年、富平は3年連続の大干ばつに見舞われ、田畑は荒れて、人口が激減し、河南、湖北、山東、四川などの地の飢えた民は続々と移動してきて、淡村塬にも九省十八県が留まったという伝説がある。

習永盛は荷物を担いで転々とする途中、不意の病で亡くなり、妻の張氏は息子娘を抱えて苦労した。幼名を老虎といった長男が軍隊に応募すると、次男の習宗徳が家を支え、娘と三男の習宗仁が畑仕事を手伝った。

習宗徳は多少学もあり、田舎では威信があった。妻の柴菜花は隣村の貧しい農家の出で、婚礼の駕籠に乗るときに履いていた刺繡の靴も借り物だったという。

1900年の秋ごろ、兵士になって長い老虎が突然帰って来て、西太后と光緒帝を護衛して西安に来たと言う。老虎の両耳は、八か国連合軍との戦いで大砲で聴こえなくなっていた。老虎は食べる暇もなく、銀貨数十両を

淡村鎮中合村の遠景

置いていったきり、その後は音信不通となった。習家はその銀貨で土地を買い、阿片の商売も始め、暮らし向きもだんだんとよくなっていった。

　習仲勲は習家の長男である。家譜の順番に従えば「国玉永宗中正明通」で、「中」の字輩に当たり、習宗徳は人に頼んで大きくなったら立派な人物となるよう、中勲と名づけた。「仲勲」という名はのちに立誠中学で学んだとき、担任の厳木三が改名させたのである。厳木三は、「中勲」の「中」の字は内包する意味が重すぎるとし、人偏をつけ、公正正直という意味にした。ほかにも父親は、彼に相近という幼名をつけた。習仲勲は自分の幼名の話になるとこう言った。「習という姓をかぶせると、習相近になる。『三字経』の"性は相近し、習えば相遠し"とちょうど反対の意味になる。それで、学校に上がると同級生がなんでそんな名にしたんだと聞いたものさ。」

　1922年春、満8歳の習仲勲は村の東にある都村小学校に入学した。母

都村小学校跡

習仲勲の生涯―改革開放の立役者

1958年9月7日、都村小学校を訪問

最新的學說 陶冶的理想 創造的人格 健全的社會

立誠中学校訓

方の従弟で小学校の同級生だった柴国棟は、習仲勲に対する尊敬の念を隠さない。「いつも、ちゃんと勉強してから遊んでた。こっちは遊ぶばかりで、向こうはちゃんと次の日、きちんと暗記しているんだ。とても賢かったね。」

1925年の3月から4月にかけて、都村小学校では2回にわたり北に数キロ離れた荘里鎮にある立誠中学に行った。一度は孫文の追悼会のためで、一度は著名な愛国将軍胡景翼の追悼会に出席するためだった。2回続けて淡村塬を出た経験は少年の習仲勲にとって外の世界へ目を開かせるきっかけとなった。

1926年春、習仲勲は優秀な成績で立誠中学高等小学校に合格、数少ない公費生となった。品行方正で成績優秀だった彼のことをよく黒板日記を書いた同級生の劉茂坤はこうふり返る。「成績が発表されると仲勲はいつもトップに名前がありましたよ。」

立誠中学は胡景翼が1920年に創設した。「立誠」は『大学』の「意、誠なれば後に心正しくなり、心正しければ後に身を修め、身を修めれば後に家斉い、家斉えば後に国治む。国治まれば、後に天下平らぐ」から来ている。胡景翼は21文字の校訓を書いている。

胡景翼（1892〜1923）、陝西省富平荘里の人。陝西靖国軍将校

1 淡村塬の農家の少年

習仲勲の生涯―改革開放の立役者

習仲勲が立誠中学時代勉強した教室

立誠中学蔵書楼

「最新の学説を解明し、理想の人格を陶冶し、健全な社会を創造する。」学生たちに天下社会の役に立ち、積極的に進取の精神をと鞭撻している。立誠の校歌はさらに学生たちに、「青白い書生となって象牙の塔に閉じこもるな」と勉励する。

　この学校は、渭北で最も早くマルクス主義を広めた陣地の1つでもある。厳木三の導きの下、習仲勲は各種の活動に積極的に参加し、『中国青年』、『共進』などの進歩的な雑誌を読むようになった。1926年3月、入学してわずか1か月で立誠青年社に入った。『中国青年』第123期（1926年6月）にはこうある。立誠青年社は富平県立誠中学内にあり、部員は30名余り、みな実質的な運動者であった。5月、宋文梅、武之縝の紹介で習仲勲は中国共産主義青年団に加盟した。13歳であった。

　やはり、この年の5月、厳木三が主導して富平で最も早い党組織、立誠党小組が誕生している。7月、荘里鎮で悪覇と闘う群衆大会が開催され、習仲勲ら進歩的な学生はデモ隊の最前列を歩いた。習仲勲は党組織の指導

2000年6月、斉心は時の陝西省委員会常任委員栗戦書（左5人目）に伴われて習仲勲の母校立誠中学を訪問した

1　淡村塬の農家の少年

元富平県立第一高等小学校の校内にあった望湖楼

の下、近くの石窠(せきか)、董家荘、景家窑(けいかよう)、三条溝などでビラを撒き、標語を貼り、群衆集会を組織した。習仲勲、宋文梅、程建文は都村小学校の同級で、立誠中学での革命活動に積極的だったので「都村三傑」と呼ばれた。

　習仲勲は、立誠中学では一学年しか過ごさなかったが、ふり返ってこう語っている。「このとき、共産党を知り、やるからには徹底的にやろうと思った」と。

　1927年春、習仲勲は富平県立第一高等小学校（略称一高）に転校した。立誠理事会を辞めた厳木三が校長になっていた。

　一高は富平県の古い県城の東南の隅にあり、校内にそびえる望湖楼は当時の富平県で最も高い建物で、手すりにもたれて遠くを見渡すと富平の美景が広がる。「南門の外は湖水に稲穂と蓮の花、北門外は橋の下を川が流れ、西門外には聖仏寺の宝塔、東門外には竇村堡(とうそんほ)の家々が広がっていた。」このとき、習仲勲は公費生から自費生となり、毎週往復15キロの道のりを穀物と漬物を背負って通わなければならなかった。

　刻苦勉励すると同時に赤い5月を記念するなどの革命活動に積極的に参加し、新旧軍閥の張作霖、何経緯の反動的暴力を追及するデモを行った。1927年5月20日、『陝西国民日報』はこう報道している。「富平五九国恥記念大会の規模は壮大で、参加者は熱く、それまでに例を見ない。」

　のちに白色テロが起こり、革命活動は地下に潜伏した。中共富平特別支

現在の富平県

部は秘かに会議を開いて、習仲勛の入党問題を検討したが、まだ満14歳にならず、立誠から転校してきて日も浅いため、結局は認められなかった。厳木三は、晩年にこう語っている。「習仲勛はすでに完全に共産党員の基準を満たしていたんだがね。」

2

獄中で共産党員となる

1928年春、習仲勲は陝西省立第三師範（略称三師といい、三原県城にあった）に合格する。ここは厳木三の母校で、渭北の革命活動の重要な拠点だった。

だが、思いがけないことに、入学して間もなく左傾盲動主義の影響を受けた学生運動のせいで、習仲勲は4か月以上も投獄されることとなった。反動的当局は、習仲勲ら進歩的学生と中共三原県委員会学生幹部の武廷俊を相次いで投獄、2か月後、西安軍事裁判所に移管した。4月のある日、武廷俊と習仲勲は秘かに共産党の正式党員となることを約束、団籍は残したまま党を越えた活動をすることにした。このとき、習仲勲はまだ15歳にもなっていなかった。

武廷俊の指導の下、習仲勲たちは監獄を教室として不撓不屈の闘争を続けた。彼らは毎日4銭の食費から一部分を割いて、一緒に収監されていた馬鴻賓の部隊の逃亡兵たちの食事改善に充てた。学生たちはみんな重い足枷をはめられていた。感動した逃亡兵たちは、ズボンを破った布で学生たちの足枷に丁寧に巻きつけた。習仲勲は思い出して言う。「獄中での一切の行動は武廷俊の指示で、彼に言われたとおりにしただけだよ。」

8月になって陝西省政府主席の宋哲元が自らこれらの学生を尋問し、まだ幼い顔をした学生たちを見て、その場で仮保釈を決定した。習仲勲の従弟の習仲耀は言う。「私の父（習仲勲の叔父の習宗仁）が西安の質屋をしてる同じ村出身の者に頼んで保釈できたんだ。」

習仲勲が家に帰り、心配で病気になっていた父の習宗徳もようやくホッ

とした。習宗徳は息子の革命という選択に恨みごとは言わず、ただこう言った。「おまえはまだ幼い。もう少し大きくなってから共産党の代表になって、貧しい人たちのために尽くせばいい。」

11月、習宗徳は病死した。少年の習仲勲は、初めて人生の大きな打撃を味わった。

習仲勲は監獄で重い湿疹にかかり、歩けなくなった。宋梅文が見舞いに来て、獄中での入党のことは知っている、できるだけ早く富平の党組織に伝えると約束した。

習仲勲はこのときはまだ「あと数年勉強して、知識を身につけたい」と思っていたが、共産党の嫌疑で監獄に入ったことで学業の道は閉ざされていた。

このころ、関中は天災続きで飢饉が蔓延していた。15歳の習仲勲は飢えた民が塩を運んで食糧に換える隊列に加わり、富平東部で産出される鍋板塩を北の山に運んでトウモロコシやササゲなどの雑穀と取り換えた。生

旧陝西省立第三師範所在地。現在は幼稚園になっている

小説『少年漂泊者』

活の苦境と飢えの恐怖はついてまわった。1929年6月になり、今度は母が病気で急逝した。無一文で埋葬する金もなく、薄い棺桶に入れて、2年後にようやくなんとか葬式を出した。

　労働者の生活の苦しさと自らの悲惨な境遇は絶えず少年習仲勲の魂を揺さぶった。このころ、習仲勲は蒋光慈の小説『少年漂泊者』を読み、主人公の自分に似た境遇と不屈の奮闘に胸打たれた。当時、淡村と隣り合った三原県武字区に救済委員会が設立された。習仲勲は何度も武字区に足を運び、救済委員会の主任の黄子文らと連絡を取り、淡村に救済組織を作るべく奔走し、同時に秘かに周冬志、同郷の胡振清、姚万忠、劉銘世らと入党した。

　この年の冬、習仲勲は淡村農民協会を組織して張長慶の民団を撃つ闘争をした。農民協会は民団の銃を20丁以上押収し、張長慶を石家堡の城門の上に縛りつけ、群衆大会を開いて20条にも及ぶ罪状を読み上げたが、うっかり逃がしてしまった。当局はすぐさま残酷な鎮圧に出た。農民協会員で習仲勲の義兄の党正学は理を説きに行って惨殺された。習仲勲は麻縄を携えて石家堡の城門の楼閣に幽閉された党正学を救出に行ったが果たせなかった。晩年になって、その無念さを弟の習　仲愷(しゅうちゅうかい)に漏らしている。

　これは習仲勲が共産党員になって最初の群衆工作指導と武装闘争で、党員としての基礎を作った。のちにこう語っている。「1932年の冬、少数の武装組織を率いて富平西区の故郷に戻ったのは、群衆を発動して食糧を分け、ゲリラ活動を展開したからだ。1929年に故郷での活動で足場を作っていたんだ」と。

習仲勲と弟の習仲愷

2 獄中で共産党員となる

3

両当クーデターの銃声

　1932年4月2日未明、陝西省と甘粛省の境にある隴南山城の2つの部隊で突然、激しい銃声が鳴り響き、夜の静けさを破った。習仲勲と劉林圃が指導した両当の部隊のクーデターが起こり、3人の反動的な中隊長が射殺され、大隊長は銃声を聞いて西山に這い登って逃亡した。鶏が鳴くころ、300人の革命部隊が県城北門外の横穴住居の濠に結集し、清らかな広香河のせせらぎの音とともに北の太陽寺の方向に勝利の進軍をした。

　1930年2月6日（旧暦正月の8日）、習仲勲は党の指示通り、西の長武に行き、畢梅軒地方武装部隊の王徳修小隊に行き、兵士輸送の仕事をした。

　数か月の間、習仲勲と李秉栄、李特生らは二度、長武県西門外の薬王洞で秘かに会議をし、党小組の建立を決め、第二中隊を中心に働きかけることにし、手分けしてそれぞれの中隊に兵士を獲得に行くことになった。のちに習仲勲は部隊の文書係から第二中隊の実習士官となった。兵士たちに日常的に闘争をするよう発動するとともに、党小組は秘かに紅軍之友社を設立した。

　6月、当該部隊は甄寿珊に改編されて西北民軍第一師団第二支隊となった。7月、習仲勲のいる第二中隊は亭口に防衛に移動した。亭口はシルクロードの重要な宿場である。習仲勲の影響でロバ店主の王志軒、土地の有力者の劉士栄、小学校校長の劉警天らが革命に傾倒し、ロバ店は秘密の連絡場所となった。

　11月、部隊は楊虎城に改編収集され陝西騎兵第三旅団第三団第二営となって彬県に移動、習仲勲は第二中隊特務長となった。これより先に営委

員会が成立し、李秉栄、李特生が前後して書記を務め、各中隊に支部を作り党員は30数名になった。

　1931年の春になり、兵輸送の仕事もさまざまな試練を経験した。第三旅団で兵運の仕事をしていた劉志丹が旅団長の蘇雨生に彬県に監禁され、劉志丹に付き従っていた王世泰が習仲勲を訪ねて来て去就を相談した。何とかして武器を手に入れて助け出そうという考えに対して、習仲勲は軍閥は武器管理がきわめて厳格だから銃を奪うのは容易ではない、彬県はまた西蘭公路にあり逃げ出すのは困難で、戦力を温存するのに不利であるとした。習仲勲は王世泰に深い第一印象を残した。「私と仲勲が最初に会ったとき、最初の会話の印象は強烈だった。若いけれども状況の分析は非常に実際的だった。」

　4月、蘇雨生が部隊を率いて楊虎城に反旗を翻した。この緊急事態に際し、習仲勲と李秉栄、李特生は党員の主力を集めて会議し、「第一団を消

長武県薬王洞遺跡

15

滅し、楊虎城につこう」というスローガンを提出し、全営官兵の呼応を得た。二営は蘇雨生が彬県に残した第一団に猛攻撃を開始し、楊部隊が駆けつけたときは戦闘はすでに終わっていた。当該部隊は、楊虎城によって陝西警備第三旅団第一営に改編された。

5月、一営は鳳翔県北倉に移り、習仲勲は引き続き、営委員会書記となった。兵運の仕事にも熟練し、全営四連隊それぞれに支部を設置、各支部に党員20名余りがいた。その間、中共陝西省委員会は二度も人を派遣して反乱を促していた。

1931年冬、一営は隴南と川軍の作戦に赴いた。戦いのあと、それぞれ陝西省と甘粛省に駐屯し、営部と一連、機銃連は鳳州城に駐屯、二連は双石鋪（今の鳳県県城）、三連は両当県城に駐屯した。部隊は2年間で三度も所属を変え、防衛地点も転々とした。

革命活動が上層部に勘づかれるところとなり、団長は「砂を混ぜる」戦法で一営の四人の中隊長のうち、3人を交代させ、機銃連隊を重点とし、中隊長の李秉栄を異動させ中隊を解散させ部隊を編成し直した。習仲勲は軍需文書劉書林を連れてすぐに改組されたばかりの機銃連隊で工作を開始し、班排長となることができた。さらに、文昌宮国民模範小学校の教員劉希賢を積極的な革命分子に育てて、劉家を秘密の連絡地点とした。劉書林はのちにふり返って言う。「習仲勲は私に言った。母親（党組織）が言った。機銃連隊に党員を増やし彼らと友だちになって深く入り込むんだ、と。」習仲勲はさらに劉書林、劉希賢らと写真を撮っている。これが現存する習仲勲の最も古い写真である。

1932年3月、団部は突然防衛地点変更の決定をし、一営を西南に50キロ余り移動させ、甘粛省徽県、成県一帯に駐屯させた。この決定は予想とは逆に、兵士たちの強烈な反発を招いた。形勢はひっ迫し、時機は熟した。3月下旬、習仲勲と陝西省委員会軍事委員秘書、特派員の劉林圃は双石鋪北の豊禾山の上の古いお廟で会議を開き、防衛地変更の機に乗じて甘粛省の両当でクーデターを起こし、クーデター後に北に向かい、劉志丹率いる

兵運時代の習仲勲

3　両当クーデターの銃声

習仲勲の生涯―改革開放の立役者

習仲勲（左1人目）と劉書林（左2人目）、劉希賢（右1人目）

鳳州文昌宮国民模範小学校跡

陝甘遊撃隊と合流することに決めた。

4月1日、全営は両当に進駐、一連は北街の南端に、二連は南街に、営部は県政府の西側の地主の家に、三連は県政府内と西街に、機銃連隊は北街に駐屯した。夜の9時、習仲勲は北街のロバ店主が主宰する営委拡大会議で劉林圃にクーデターの指揮をとらせ、習仲勲が全営の行動を組織指導することを決めた。

クーデターは計画通り成功した。3日昼、部隊は太陽寺で中国工農紅軍陝甘遊撃隊第五支隊に編成され、劉林圃（りゅうりんほ）が政治委員に、習仲勲が部隊委員書記に、呉進才が隊長になり、数日後、許天潔（きょてんけつ）が隊長を引き継いだ。

劉林圃

部隊は不完全な地図に導かれ、渭河を渡り陝西に入り、麟游県の蔡家河で国民党に行く手をふさがれた。習仲勲は営委会議を召集し許天潔率いる部隊に回り道させて永寿県岳御寺に急ぎ、そこで休んで待機するよう命じて、習仲勲と左文輝が亭口で涇河を渡る準備をし、劉林圃と呂剣人は乾県で劉文伯部隊と談判して時間を稼いだ。

3日後、部隊が岳御寺で宿営していて、匪賊に王結子部隊が包囲され散り散りにされたとの知らせが入った。習仲勲はやむなく王志軒のロバ店の洞穴に隠れた。

劉林圃と呂剣人はクーデターが失敗したと知り、西安の省委員会に報告に行って逮捕され、劉林圃は即刻殺害された。わずか23歳だった。

両当クーデターは失敗に終わった。だが、クーデターの銃声は陝甘に鳴り響き、西北の革命の歴史に永遠に刻まれた。

両当クーデター史跡

太陽寺

劉志丹、謝子長に初めて会う

　1932年6月初め、習仲勲は秘かに故郷に帰った。8月、陝西省委組織部長で渭北に巡視に来た程建文らと会ったあと、習仲勲は照金に北上して陝甘遊撃隊と劉志丹を訪ねることにした。

　照金は橋山山脈の南端に位置し、北は子午嶺に寄り、南は渭北高原を見下ろし、東は咸楡大道を臨み、西北は甘粛省正寧三甲塬などの地に接し、山深く森林の密集した地である。習仲勲は地元の農民の周明徳（周冬志の

照金の楊柳坪

劉志丹

謝子長

叔父）の助けで塩を穀物に換えるふりをして照金に入り、周冬志の家に住み込んだ。

　９月初め、習仲勲は照金の西の楊柳坪で、前後して謝子長と劉志丹に会った。劉志丹と謝子長は西北革命の伝説的人物で、２人とも両当クーデターの発動を指導した習仲勲を高く評価し、ほぼ同時に根拠地創立と遊撃隊結成の重要任務を習仲勲に託した。

　食糧と資金調達と冬の衣料を集めるため、陝甘遊撃隊は南に遊撃することにした。謝子長は習仲勲に言った。「我々には根拠地がなかったから、それを作らなければ。関中から逃げてきた飢民も多い。君はここには知り合いも多い。仕事の条件もいい。貸してあげられる銃も弾もないが、群衆を発動して農民協会を作り、遊撃隊を組織して遊撃戦を展開するんだ。」

　劉志丹は習仲勲を励ました。「革命に失敗はつきものだ。失敗したら、またやるのさ。」彼は特務隊（劉志丹の警備隊）を照金に残してくれと言っ

た。「君は関中の人だ。農業もしていた。農民と一体化できる。しっかり根拠地作りをしてくれ。我々がいなくなったら、いろいろと困難が待ち受けているだろう。政策が正しく、群衆に寄り添えば困難はきっと克服できる。」

　その前の6月1日と8月25日、中共陝西省委員会は相次いで「陝甘新ソビエト区と遊撃隊を設立する決議」と「帝国主義国民党第4次攻撃と陝甘新ソビエト区創設の決定」をした。省委員会と精神と劉と謝の2人が託した重責により、習仲勲は照金に留まり根拠地開設の任務を担った。

　習仲勲は周冬志の家の隣に小屋を建て、人に託して叔母を呼び寄せ住まわせた。毎日、群衆と共に畑仕事をし、従弟の習仲傑と柴国棟、弟の習仲愷らも呼び革命の仕事に参加した。

　老爺嶺は照金街道の東南2キロほどにある西北の東南に走る山脈だ。習仲勲と周冬志は周囲の南趙子、金盆湾、北梁、陳家坡、韓家山、楊山、胡家巷などの村の村民を発動して農工会などの組織を作り、老爺嶺の王金柱、

老爺嶺

胡家巷の姫守祥、胡建海、南趙子の于徳海、金盆湾の王治周、王治林兄弟、北梁の王満堂、房耳上の王万亮らを積極的な革命分子に育て上げ、兄弟のように親しくなった。これは照金地区の貧困農民の中で育て上げた最初の革命幹部で、紅色政権の建立準備に貢献した。

　民団がしょっちゅう捜索に来るので、夜は村にはいられない。習仲勲は山の中腹の炭焼き小屋で寝た。晩年になって、こう回想している。「村人たちの助けがなければ生き延びられなかった。」

　10月の中下旬になり、特務隊中隊長陳克敏が謀反を起こし、隊長の程双印を殺害する突発事件が起きた。習仲勲の回想はこうだ。「ちょうど綿花の刈り入れのときで、私はこの特務隊を武字区に連れていった。」

　三原の武字区と心字区を中心とする渭北ソビエト区は三原と富平、耀県、淫楊、淳化などの県の交わる地帯で、党が陝西に作った最初の革命根拠地である。特務隊を改編して武字後区の遊撃隊として渭北遊撃隊第二支隊と称し、習仲勲が指導員となって耀県西塬、華里坊、譲村一帯で豪農や土地の有力者を打撃し、農民連合会を組織して食物や土地を分けた。

　左傾盲動主義がはびこるなか、渭北ソビエト区は3日連続で群衆大会を開き、デモをして10月革命を記念した。11月9日、当局は三原、富平な

淡村遊撃隊が使用した馬刀

ど6県の民団と1つの営の駐軍に全面的に襲撃させ、ソビエト区は全滅した。

　習仲勲は照金に移ったが、照金でもあちこちで逮捕されていたので、武字区遊撃隊を旬邑に移して活動することにし、自らは2丁の長銃を持ち、2丁の短銃と2丁の長銃をこっそり故郷の淡村に持ち帰った。年の暮れ、唐家堡の同級生岳強明の家で淡村党支部の成立を指導し、姚万忠が書記となった。また、淡村遊撃隊の成立を助け、岳強明と劉鳴鳳が責任を持った。武字前区遊撃隊も淡村にやって来て、習仲勲がその政治委員となった。

　年の瀬も近づき、群衆の食糧はひっ迫した。習仲勲は群衆を発動して、富平西区で食糧の分配闘争を積極的に展開し、半月後には数千人が加盟して農民総会が設立された。1933年1月、賈拓夫は「渭北闘争状況の報告」の中で、こう言っている。「都村、淡村、盤龍一帯でも同様に群衆の食糧分配と土豪の殺害闘争が展開され、武字区と連合して赤色区域が形成され、富平国民党は地主豪農の統治が達成できなくなった。」

　1933年2月、習仲勲は共産党青年団三原中心県委員会書記となり、県委員会書記趙伯平の指導の下、省立第三中学と三原に駐屯する王泰吉部隊を党員に発展させて党の組織を建設した。

5

照金革命根拠地を作る

　1933年2月の末、習仲勲は西安東関三八旅館で陝西省委員会書記孟堅と二度会談し、紅26軍に行く具体的な指示を聞いた。

　紅26軍は1932年12月24日に陝甘遊撃隊を基に改編されて成立したが、政治委員杜衡の強硬な命令の下、まず廟湾夏玉山民団を攻撃したことが付近の民団が連合して紅軍に敵対する結果を招き、さらに香山寺を焼き払って1000名以上の僧侶を敵対させてしまい、戦えば戦うほど敵が増え、地盤は小さくなっていった。習仲勲は武字区のある秘密連絡地点で、西安から引き返す途中の杜衡と期せずして遭遇した。初めての顔合わせだった。両当クーデターを指揮した習仲勲に対しての杜衡の印象と態度は悪くはなかった。習仲勲は渭北を南下する紅2団に従い一緒に行動して、臨時に少年先鋒隊の指導員を務め、左傾機会主義路線の過ちに対しての理解を深めていたところだった。

　3月8日、中共陝甘辺区特別委員会が照金兎児梁（とじりょう）で成立、金理科が書記、習仲勲が特別委員会委員、軍事委員会書記を務め、主に地方の武装と政権建設の仕事を担当することになった。その後、習仲勲は共産党青年団特別委員会書記も兼任した。

　習仲勲は数か月前に老爺嶺一帯で群衆工作をし、革命の最初の種を蒔いた。再び照金に戻ると、習仲勲は周冬志、姫守祥、王満堂、王万亮らを連れて、村を1つずつ調査研究し、1軒ずつに群衆工作をして、すぐに農会、貧農団と赤衛軍を組織し、積極的に群衆を指導して穀物分配闘争を行った。ゲリラ活動も拡大し、旬邑、耀県、淳化などの土地の遊撃隊は一気に20

兎児梁

隊にまで増えた。
　群衆工作と武装闘争の堅実な基礎の上に、1933年4月5日、ちょうど清明節のその日、中共陝甘辺区特別委員会は兎児梁(とじりょう)で工農兵代表大会を開き、陝甘辺区革命委員会を設立し、選挙で小作農出身の周冬志が主席に、習仲勲が副主席兼党団書記に選ばれた。兎児梁は東西に走り、遠くまで見渡せる、ちょうど静かに横たわる兎のようで、いつでも転戦ができた。梁下は小さな山で10数戸が住んでおり、紅軍兵士と幹部群衆が行き来し、各工作が整然となされていた。
　革命委員会の下には土地、穀物、経済、粛反などの委員がいて、王満堂、姫守祥、楊再泉、王万亮らがそれぞれ担当し、黄子文が実質上の秘書長の職責を負い、下には政治保衛隊を置き、周冬志が指導員を兼ねた。「中華ソビエト政府組織法」により基層政権の建設は迅速に行われ、革命委員会は区、郷、村の三級政権体系を指導し、そのうち区レベルの革命委員会に

5　照金革命根拠地を作る

27

薛家寨

は照金、庵子窪、桃曲塬の3つがあり、郷レベルの革命委員会には香山、芋園、陳家坡、黒田峪、金盆湾、綉房溝、北梁、老爺嶺、七界石、馬欄用などの10数が比較的完備した紅色政権体系を形成した。

革命委員会は「中華ソビエト共和国土地法」などの法令を積極的に貫徹し、植えた者に帰する原則を堅持して、杭を打ったり挿し木をして土地の境界を定める方式を採用、川地は分けても山地は分けず、富農は余った土地だけを没収する政策を実行し、中農の保護を主張して土地の足らない中農には補充した。分地はまず綉房溝から始め、芋園郷だけでも耀県学堂と香山寺の土地120ヘクタール余り、金盆郷は2つの大地主李家と梅家の300ヘクタール余りを分配した。同時に地主の小作人制度と国民党の過酷な雑税を廃止する命令を出し、穀物を分け、牛羊を分け（富農の余分な牛羊は分けなかった）、タバコと賭け事を禁じ、纏足を禁じるなど各項目の政策を実行して人々の支持を得た。

5 照金革命根拠地を作る

劉志丹、習仲勲らが創建した照金革命根拠地1号洞窟（遊撃隊跡）

2号洞窟（紅軍病院と被服工場跡）

3号洞窟（機械修理所跡）

習仲勲の生涯―改革開放の立役者

機械修理所内

4号洞窟（特別委員会と革命委員会の駐在地と倉庫跡）

30

革命委員会は群衆に多くの土地を耕し、たくさんの穀物を収穫するよう奨励し、そのためにわざわざ義倉を設置し、よその土地の群衆が来て食べる物がなかったら、ここに来て土地を耕し穀物を持ち合って陣地とした。

　同月、紅26軍党委員会は陝甘辺区遊撃隊総指揮部を改組することを決め、習仲勛が政治委員を、黄子文が総指揮を務めた。「革命は誰がやってもいい」せいで、部隊の不純と貧農の利益を侵犯する行為に対して、改組後の遊撃隊総指揮部は徹底的整頓を指導し、不純な要素のある人物を断固解雇し、改めて耀西、淳化、旬邑の3つの遊撃隊に編成、すぐに政治工作制度を設立し、その後の根拠地を守る主要な武装部隊となった。

　同月、陝甘辺党政軍指導機関は薛家寨に駐屯した。薛家寨は伝説では薛剛の屯兵が唐に反旗を翻したことで名高く、東、西、南の3面が断崖絶壁で西北の吊り橋だけがほかの山とつながっている。遊撃隊総指揮部は群衆を組織して山村を改造し、構築工事をし、洞穴を修復し、自然が形成した四つの洞窟を遊撃隊駐屯地、被服工場、病院、機械修理所、指導機関の駐屯地とし、軍需倉庫と監獄も設置した。

　薛家寨被服工場は紅軍時期の最も早い被服工場の1つで、時には女工が3、40人いて、普段は工具で戦時は遊撃隊員となった。医療人員の多くは民間療法で銃創を治療し、漢方の草の薬を捻って、傷口に挿入して薬を交換した。機械修理所の工具は多いときは6、70人に達し、技術者の多くは陝西省委員で西安から派遣され、生産した麻辮手榴弾が反包囲攻撃戦闘で大きな役割を果たした。今でも岩の上に、はっきりと当時放置された型ぬきの穴が残っている。

　流通を促進するため、革命委員会は薛家寨の下の亭子溝に市を設けて、主に穀物と野菜を取り引きし、群衆を優先して公正な取り引きを原則に市を活性化させ、紅軍のために穀倉を確保した。市は群衆に歓迎され、初めは5日に一度だったのが、毎日売り買いがされるようになった。

　政権の建設と土地革命と経済の発展に従い、照金を中心とする陝甘辺ソビエト区は絶えず発展し、堅固となり、耀県、旬邑、淳化、宜君などの

境界地帯50キロの広大な区域を覆った。これは中国共産党が西北で建設に成功した最初の山地革命根拠地である。

紅2団団長だった王泰吉はこのように習仲勲の仕事を評価する。「仲勲は陝甘辺区特別委員会書記で総指揮部政治委員だった。たくさんの軍事活動が彼の指導と指揮を必要とした。彼はまた根拠地建設の民主政権の責任者でたくさんの具体的な仕事を彼がやった。革命委員会主席は周冬志だったが、上からの指示で主席はどうしても小作農から選ばなければならなかったからだ。おとなしく、文化水準も低い。ほとんどの仕事は習仲勲がやり、どんなことも彼が自ら指揮をして操作していた。」

1933年5月下旬、習仲勲と黄子文は政治保衛隊を率いて鞍子坡で匪賊の陳克敏の部隊に襲撃され、黄子文をかばうため、兵士たちから離れたときに負傷し、ソビエト区に倒れた。

紅軍桟道遺跡

6

陳家坡会議で危機を挽回

　1933年6月17日、陝甘辺特別委員会と紅26軍党委員会は照金北梁で連合して会議を開き、杜衡はあちこちで壁にぶつかって自信を喪失、政治委員の身分で紅2団に渭華に南下する強制命令を出した。ちょうど薛家寨で傷を治していた習仲勲は会議に参加できなかった。彼に代わって遊撃隊の総指揮部政治委員を担当していた張秀山はふり返ってこう言う。「辺区特別委員会書記の金理科たちは南下に反対し、劉志丹の意見に賛成しまし

北梁

王泰吉（1906～1934）、陝西省臨潼の人。広州黄埔軍人学校1期生。在学中に共産党に入党、渭華起義を指揮する。1934年、革命で殉死。紅26軍42師団長。陝甘辺区革命根拠地の創建者の1人

た。習仲勲は会議に参加できず、でも彼は金理科に頼んで陝甘辺の闘争を堅持する旨を伝えました。」

劉志丹と王世泰は紅2団300人余りを率いて渭華に南下を余儀なくされ、結局失敗に終わった。中共陝西省委員会書記の袁岳棟と杜衡はまたもや相次いで西安で捕まり裏切り、陝西党組織は深刻な破壊を蒙った。

その危機的状況にあって、国民党第十七路軍騎兵団で団長を務める王泰吉が部隊を率いて反乱を起こし、敵軍とのし烈な戦闘の末、部隊を西北民衆抗日義勇軍に改編し、照金地区に入った。このとき、張邦英、陳学鼎らが新しく設立した耀県遊撃隊と、楊森、黄子祥らが渭北遊撃隊を改編した紅4団を率いて相次いで照金入りした。

　王泰吉の反乱部隊が照金に来たとき、傷がまだ癒えていなかった習仲勲は、その知らせを聞くと思いがけないことに喜んで、政治保衛隊と耀西、淳化、旬邑の3つの遊撃隊を自ら率いて迎えに行き、苦労の末、夕方になって薛家寨の麓の繍房溝でようやく対面した。習仲勲は王泰吉の手を握って、よく通る声で言った。「泰吉同志、ようこそ!」王泰吉はすまなそうに言った。「これだけしか集められなくて、申し訳ない。」習仲勲は笑って慰めて言った。「逃げたい者は逃げ、革命の意志が堅固な者だけが残ったのです。その力があれば、我々の今後は大いに期待できますよ!」

　このとき、上の党組織の指示もなく、共に従う主力もなく、国民党の軍隊はいつでも攻撃に山に入って来そうな状況で、革命武装部隊はどこへ行

くべきなのか、根拠地は堅持すべきなのか、意見はさまざまに割れ、紛糾した。

 8月14日、陝甘辺党政軍連席会議が陳家坡で開かれ、特別委員会書記の泰武山と特別委員会軍委員会書記の習仲勛らが会議の主席を務めた。会議の主な内容は主力の紅軍をどう建て直すかで、回りまわって局面的問題にも対処せざるを得なかった。会議に参加したのは、李妙斎、張秀山、高崗、張邦英、陳学鼎、楊森、黄子祥、王伯棟、黄羅斌、趙宝生（包森のこと）らで、党員幹部が10数人いた。

 陳家坡は西北と東南に走る斜面で、西は山に東は深い溝に面し、薛家寨から北梁、金盆湾、胡家巷、高山槐、さらには渭北などの地に抜けるには必ず通る道である。

 会議は午後からずっと翌日の陽が高く昇るまで続けられ、3つの問題について討論が交わされた。まず、3つの武装部隊は統一指揮を執るべきかどうか。集団行動をすべきか、個別活動をすべきかどうか。少数の者は悲

陳家坡会議跡

金盆湾

観的絶望的で、主力部隊を組織するという目標は大きすぎ、各地でゲリラ戦を展開すべきだというものだった。多数は集まって敵を打つべきであり、そうしてこそパワーとなるというものだった。次に総指揮者の人選だった。多くは王泰吉が総指揮を執るべきだという意見で、少数は義勇軍が紅軍を指導すべきだとして反対だった。最後は高崗が正治委員を担当すべきかどうかという問題だった。多数は賛成で、少数が反対した。会議は習仲勲や秦武山、張秀山らの多数の正確な意見を採り入れ、陝甘辺区紅軍臨時総指揮部の設立と、義勇軍と紅4団と遊撃隊の統一指揮を決め、王泰吉を総指揮に、高崗を政治委員に推挙した。習仲勲の提案で南下したまま帰らない劉志丹を副総指揮兼参謀長に決めたが、しばらくは発表しないことにした。

　陳家坡会議はまた陝甘辺ソビエト区を中心とするスローガンを創造拡大し、主力を蒐集させ、大きな戦いでなく小競り合いをして、積極的に小さな勝利を大勝利とし、広範にゲリラ戦を展開し、群衆工作を展開する戦略

方針を執り、陝甘辺革命闘争の転換期に危機を挽回、握りこぶしを握り力を結集した。これは非常に重要な会議であった。党の紅軍と遊撃隊に対する統一指導を強め、主力の紅軍の再建と軍事闘争形成を改変し、照金を離れたあと、南梁を中心とした陝甘辺根拠地を切り拓くためにきわめて重要な歴史的意義があった。

新たに組織された陝甘辺区主力紅軍は、前後して譲牛村雷天一民団と廟湾夏玉山民団の各一部を壊滅させ、続いて柳林民団を襲撃し、底廟民団の一部を消滅させ、さらに旬邑県城の所在地張洪鎮を取り、連戦速戦で勝ち取った。主力の紅軍が出撃する際、習仲勛と李妙斎、張秀山らは軍民用の麻辮手榴弾を使って、次々と敵の進攻を破り、保衛隊薛家寨の最初の勝利を勝ち取った。

習仲勛は晩年にふり返って言う。「陳家坡の会議のあと、彼らは北に行き、高崗が政治委員で、彼らはいい銃を全部持って行ってしまった。それ以後、

胡家巷

我々は旬邑遊撃隊、淳化遊撃隊、耀西遊撃隊を組織した。群衆の革命機運は高まり、群衆を組織すればそれは枯れた薪のようなもので火を点ければ燃え上がった。当時の遊撃隊はたくさんの人が行かずとも、誰かしらが行けば遊撃隊が組織された。銃も弾薬もあった。民団を統一すれば、民団の人が我々に送って来た。あのときは本当に愉快だった。」

　中秋節に帰って来た劉志丹が最初にしたことは、療養中の習仲勲を見舞うことだった。劉志丹は興奮して言った。「すごいぞ！　陳家坡会議は誤った路線をとうとう排除し、正しい路線に戻したんだ」と。

7

辺区政府の坊や主席

　1933 年 10 月 12 日、国民党軍の四つの正規団と各県民団の計 6000 の重兵による包撃に、劉志丹率いる主力紅軍は照金を撤退した。

　照金ソビエト区は西北の党と紅軍が初めて山区に根拠地を建てるという試みで、紅 26 軍の立脚地であり出発点であった。同年 11 月初め、陝甘辺党政軍責任者連合出席会議が甘粛省合水県包家寨で開かれ、それぞれ安定（今の陝西省子長県）、南梁、照金を中心に三路の遊撃区を切り拓くことを決定した。そのとき、習仲勛はまだ照金にとどまり、群衆の支援があるので昼は森林に隠れ、夜になると出てきて群衆工作をしていた。

　1934 年の春節の前の晩、習仲勛は南梁地区に駆けつけ、第二路遊撃総指揮部隊委員会書記兼義勇軍指導員になった。

　南梁は甘粛省華池県東部に位置し、橋山中腹の大梁山南の麓にある陝西、甘粛両省の華池、合水、保安（今の陝西省志丹県）にまたがる地で、葫蘆河上流と各支流を含んだ広々とした地域である。

　習仲勛はやって来ると、南梁堡を中心として、まず群衆工作を進め遊撃行動を展開、それから根拠地を開拓し、工農政権を打ち建てる方針に従い、遊撃隊を率いて閻家窪子、東華池、南梁堡などの地の民団と二将川の地主の武装を取り除き、率先して 1 戸ずつ深く入って宣伝組織工作をし、群衆を発動して穀物と牛羊を分けた。小作農会、貧農団、農民連合会、赤衛軍は二将川、白馬廟川、南梁堡、荔園堡、豹子川、義正川、五堡川、白馬川などの川里で競争のように成立した。習仲勛は呉岱峰、劉約三を保安に派遣して遊撃隊を組織させ、王子良を合水にやって遊撃隊を整頓させ、呉亜

39

南梁堡

雄を安塞にやって遊撃隊を組織させ、楊丕勝に義勇軍を組織拡大させた。

古くからの赤衛隊員の蔣成英はこう回想する。「習仲勲はみんなにどうやって土豪をやっつけるか、どう田畑を分けるか、どのように民衆の土地を保護するかを話した。土地を保護し、地主を倒せば圧政はなくなる。ここの者は大多数が陝北から逃げてきた貧しい難民たちだ。習仲勲と群衆の関係は、どこに行っても年寄りから子どもまでが取り囲む関係だったよ。」

南梁を中心とする陝甘辺紅色区域は急速に保安、安塞、甘泉、富県、慶陽（今の甘粛省慶城県）、合水、寧県、正寧、旬邑、淳化、耀県、同官（今の陝西省銅川市）、宜君和中部（今の陝西省黄陵県）などの14の県の大部分の地区に広がった。1934年2月25日、紅42師党委員会は小河溝四台村で群衆大会を開き、陝甘辺区革命委員会を再度選出、習仲勲が主席に、黄子文が秘書長になった。5月28日、中共陝甘辺区特別委員会が寨子湾で復活した。

この時期、習仲勲と劉志丹たちは党の上層部との連絡を毎日心待ちにし

ていた。何度か人を派遣して、たくさん銀貨もそれらの同志に渡したが、まったく収穫はなかった。

　10月、陝甘辺区軍政幹部学校が荔園堡で成立、劉志丹が校長を兼任、習仲勛が政治委員を兼任した。ある日、劉志丹が軍事訓練を組織していると習仲勛が歩いて来たので、すぐに敬礼して報告し、検兵を頼んだ。習仲勛は非常に居心地が悪かった。劉志丹があとで言った。我々共産党員は自分たちが建立した政権を擁護しなければならない。自分たちが尊重しなければ民衆も頓着しなくなる、と。

　根拠地の絶え間ない拡大に応じて、ソビエト政府の建立はさらに一歩発展するための大切な要となった。1934年11月1日から6日まで、陝甘辺区工農兵代表大会が荔園堡大廟（老爺廟）で開かれ、100人以上の各界の代表が根拠地建設の重要問題について熱心に討論した。習仲勛は主催者の1人で大会のためのたくさんの重要文件を起草した。会議は民主的な無記名投票で陝甘辺ソビエト政府を選出し、習仲勛がソビエト政府主席、賈生

7　辺区政府の坊や主席

荔園堡

41

秀、牛永清が副主席に選ばれ、蔡子偉が政治秘書長に選ばれた。会議は土地、労働、財政、食糧、文化、工農、監察、粛反、婦人などの委員会を選出、纏足禁止、禁煙、禁賭博などの委員会を付設し、政治、軍事、土地、財政、食糧など各項の決議案を採択した。

初冬の陝甘高原は日射しが高く照りつける。11月7日午前、陝甘辺区ソビエト政府成立大会が荔園堡で盛大に行われた。大会主席台は大廟正面の清音楼（芝居の舞台）に設置された。正式な代表、紅軍、遊撃隊と数十キロ四方の群衆3000人余りが大会に参加した。「陝甘辺区ソビエト政府成立大会」の赤い字が目に鮮やかで、鎌と斧の旗が風にたなびき、ドラの音と歓呼の声とスローガンが天地を揺るがせた。

習仲勲が熱意溢れるスピーチをして、さらに武装力を拡大し広く群衆を発動して闘争を新たな高まりに押し上げ、さらに大きな勝利をつかもうと呼びかけた。習仲勲と劉志丹らは共に部隊を閲兵した。

陝甘辺区ソビエト政府成立の宣言は革命根拠地を堅固にする重要な意味があり、陝甘辺区ひいては西北革命史上の重要な一里塚だった。

陝甘辺区革命委員会と陝甘辺区ソビエト政府の印章

茘園堡老爺廟大殿

清音楼

7 辺区政府の坊や主席

同月、ソビエト政府機関刊行物『紅色西北』の創刊号が出版された。

当時、政府の駐在地は南梁堡の南からそう遠くない寨子湾にあり、群衆はそこを習慣で南梁政府と呼んでいた。習仲勲が主席になったときはわずか21歳で、人々は彼を親しみをこめて、「坊ちゃん主席」と呼んだ。寨子湾では群衆は困ったことがあると習仲勲を訪ね、誰が来ようと習仲勲はすぐに会った。劉志丹が褒めて言った。「素晴らしい。そういう態度でいれば間違いない。」

習仲勲は群衆工作、政権建設、社会経済の発展などの分野で多くの画期的役割を果たした。また、劉志丹らと土地、財政穀物、軍事、民団や土匪に対して、社会、粛反、知識分子、捕虜に対して、文化教育などの十大政策を制定した。

紅色政権は雨後の竹の子のようにすくすくと成長した。1934年から1935年にかけて、陝甘辺区は区レベルの紅色政権を2つ創立させた。南区革命委員会と東区革命委員会である。県レベルの紅色政権は20、それぞれ、甘粛省隴東地区の華池、合水、慶北、赤安、新寧の5県、陝西と甘粛の境界地区の新正、永紅の2つの県、陝西省内の中宜、富西、安塞、赤安、赤淳、富甘、紅泉、膚甘、定辺、赤川、靖辺、淳耀、赤水の13の県である。

辺区政府は照金で土地を分配した経験を基に、積極的に土地革命を推進した。主に、地主、富農の小作に出していた土地を没収し、地主と富農が労働した部分の土地は分け与える。川地は分けるが、山地は分けない。中心地は分けるが、辺境は分けない。辺境地区が中央地区になったときに分ける。紅軍の家族には土地を分配する優先権がある、である。

辺区政府は荔園堡に市を開設、1のつく日に開き、遠くから群衆が駆けつけ、市は活発で取り引きは公正だった。白区の商人に保護政策を採り、山で採れた食物や家畜を売り、布や綿などの物資を運び入れて軍民の需要を解決した。幹部は懐中電灯を持つようになり、戦士は陶器の食器を使えるようになった。

7 辺区政府の坊や主席

寨子湾

寨子湾陝甘辺区ソビエト政府駐在地跡

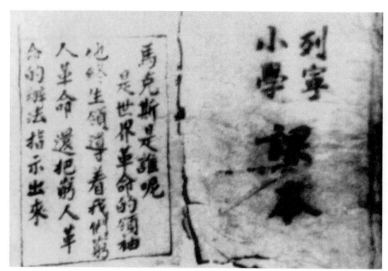
レーニン小学校の教科書

　流通が活発化すると、辺区政府は根拠地の通貨を発行した。ソビエト紙幣で、人々はこれをソ票と呼んだ。ソビエト紙幣は木版印刷で桐の油で白布に印刷し、全部で3000元を発行し、貨幣価値は1元、5角、2角、1角の4種類があり、銀貨と同等の価値があった。辺区政府は荔園堡に兌換所を設け、いつでも兌換できるようにした。

　文化教育事業も輝かしいものがあった。南梁地区は、以前は1つも学校がなかった。1934年2月、辺区政府は小河溝四合台にレーニン小学校を設立した。教師と生徒たちは木の板を机に、石を積んで椅子にした。石板が黒板、鍋の煤で墨汁を作った。教科書はゴロの良さで教えた。「マルクス、エンゲルス、世界革命の2人の導師」といった具合に。「刀を手に土豪を殺し、銃を手に白軍を打つ」など、簡単でわかりやすくした。

　辺区政府成立当初、1つの法令を発布した。党政府の幹部であろうと10元以上の汚職をした者はすべて銃殺とする、というものだ。習仲勲はふり返って言う。「南梁当時、この法令があったせいで、幹部の中に汚職はまったく起こらなかった」と。

誤って反革命分子として粛清される

　1935年2月5日、中共西北工作委員会が赤源県周家嶮（現在は子長県）で成立、習仲勛は工作委員会委員になった。西北工委の成立は党の陝甘辺と陝北の2つの根拠地を統一し、2月中旬、国民党当局は西北根拠地に2回目の大規模な"包囲征伐"を行った。劉志丹が主力の紅軍を率いて陝北に移動して戦ったとき、習仲勛は南梁地区第二路遊撃隊と赤衛軍を指揮して老爺嶺で絶えず方角を変えて、紅旗を立て、かがり火を燃やして、偽装部隊を演出し、ソビエト区に進攻しようとする馬鴻賓の部隊を1か月以上にわたって攪乱し牽制した。

　4月13日、習仲勛は後方部隊と保衛隊、赤衛隊、慶陽の遊撃隊100名余りを率いて寨子湾を撤収し、東のほうの洛河川（今の陝西省甘粛県境内）に移転した。途中、前後2回、敵の包囲に遭った。危険を脱してから、習仲勛は両足が馬の鐙ですれて血が出ているのに気づいた。馬を急き立てる鞭の痕が白馬の体に血筋をつけている。後に劉志丹は白馬を叩いて面白がって言った。「我が身を犠牲にして主人を救った白龍馬といったところだな。」

　5月、陝甘辺党政軍機関は洛河川下寺湾一帯に移って駐屯し、辺区政府は義子溝に駐屯した。辺区政府は胡皮頭に市を開き、ソビエト貨幣を発行し、橋鎮、閻家溝、王家坪などの地にレーニン小学校を開校し、王家坪には軍事学校を建てて軍政幹部を養成した。習仲勛はさらに王忠秀、王大有、王殿斌を洛川、保安と三辺（靖辺、定辺、安辺）に派遣して遊撃隊を組織した。

7月の陝甘高原は太陽が照りつけ、生気に溢れている。だが、中央駐北方代表の孔原が駐西北の代表に派遣した朱理治、上海臨時中央局代表 聶洪鈞らが来ると、"左"傾日和見主義の暗雲が陝甘辺で広がり始めた。

朱理治は西北工委委員、組織部長の郭洪涛の言うことを鵜呑みにして、形勢に対する判断を誤り、李景林と恵碧海に指示して陝甘辺の仕事を助けに行かせた。李景林は特別委員会書記になると、富農と聞けばその者を闘争の対象とした。恵碧海は土地改革工作団が採った極左の手法で"査田"を展開、富農の持ち物を分配すると彼らを"山へ追いやり草を食べさせた"。群衆は熱狂して好き勝手に分けた。あるとき、ソビエト政府財政委員長の楊玉亭が洛河辺から来て通りかかると、群衆が対岸から水に浮かんで流れてきた楊玉亭が身につけていた公款を没収しようとした。これに対して、習仲勲は厳重に反対し正すべしだとして、特別委員会で恵碧海の職務を解くよう主張した。

9月に入ったばかりのころ、よい知らせが伝わってきた。徐海東、程子

下寺湾義子溝陝甘辺区ソビエト政府駐在地跡

華らが紅25軍を率いて苦労の末、陝甘辺にやって来ると言う。習仲勲、劉景範らは人をやって牛や羊を連れて来て、はるばる遠くからやって来る紅25軍の兵士たちにご馳走しようとした。

9月中旬、習仲勲は永寧山で紅25軍が陝北に来た歓迎会を主催し、熱意溢れるスピーチをした。

このころの陝甘辺の形勢は楽観を許さなかった。蒋介石が長征の紅軍を追って邪魔をすると同時に、10万の兵力を結集させて陝甘ソビエト地区の軍事包囲攻撃を急いでいた。

紅25軍と紅26軍、紅27軍は結集して紅15軍団となり、徐海東が軍団長に、程子華が政治委員に、劉志丹が副軍団長兼参謀長となった。

9月17日、中共西北工委はすぐさま撤収され、中共陝甘晋省委が成立、朱理治が書記、郭洪涛が副書記となった。西北軍事委員会も改組され、聶洪鈞が主席となった。陝甘晋省委員会が成立するや、いわゆる"右派"組織と分子が主に陝甘辺党組織と紅26軍の中に存在するとして、21日に永

8 誤って反革命分子として粛清される

習仲勲が義子溝で住んだ窰洞

49

坪鎮で人を捕まえ始めた。

　習仲勲はふり返る。「30名余りのリストが上がってきて、私も劉景范もその会議に出席していた。リストは副主席も通信員も秘書長も右派だとしていた。私はどうもおかしいから、まず出所不明の何人かを捕まえようと言った。そこで、第1回は9人だけ捕まえて、後の人は私が強引にかばい、彼らに問題が起きたらすぐに私を逮捕するように言った。その後はますますあちこちで人が逮捕された。当時は私の名義で手紙を書いて、そうした人を呼び戻した。でなければ呼び戻せなかったからだ。たくさんの人を私が釈放した。パニックになりそうだった。」

「すると、こんな変な現象が起こった。紅軍が前線で戦い、蒋介石の進攻に抵抗して連勝すると、"左"傾の日和見主義路線の執行者たちは後方でまず権力を奪い、人を捕まえた。劉志丹たち幹部をたくさん拘留し、紅26軍営以上の主だった幹部や陝甘辺県以上の主な幹部で免れた者はほぼいなかった。白匪軍はこの機に乗じて大挙して進攻して来るし、辺区は日

瓦窯堡匯川通の習仲勲が監禁された横穴式住居

に日に縮小し、大衆の大きな疑惑を生んだ。地主や富農もこのときとばかりに扇動して、保安、安塞、定辺、靖辺らのいくつかの県すら反乱を起こし、根拠地は重大な危機に陥った。」

習仲勲に、逃げればいわゆる犠牲は免れると暗示した人もいたが、習仲勲は平然と答えた。「殺されても逃げない。この人たちは私の名義で呼び戻したんだ。どうして逃げられる？」

すぐに"右派前線委員会書記"と認定された習仲勲は逮捕された。聶洪鈞は習仲勲に宛てた手紙に書いた。「仲勲同志、今回の粛反に対する君の態度は曖昧で、プロレタリア意識がない。君と話をする必要がある」と。罪状は３つあった。第一に大衆を土匪と呼んだこと。第二に土地革命を行わず、川地は分けたが山地は分けなかったこと。第三に富農にこっそり内情を知らせたことだ。

瓦窯堡で習仲勲と劉志丹らは匯川通の質屋の横穴式住居に監禁され、冬で気候は寒く、床は草蓆を敷いただけ、寝るときも手足を縛られたまま、体はノミがたかり、空腹も充たせず水もろくに飲めず、便所に行くことも許されなかった。"粛反"執行者はわざと酷刑で痛めつけ、自分たちが右派で反革命分子だと認めさせようとしたのだった。

劉志丹の娘の劉力貞は、当時わずか６歳で母親の同桂栄と父親を訪ねて行った。「母にこう言う人がいました。ダメだ、墓の穴まで掘っている、と。母に連れられて見に行きましたが、ものすごく深い穴で、母はそれを見るなり泣き出しました。」

誤った反革命分子の粛清は陝北（陝甘辺と陝北を含む）というわずかに残ったソビエト区を非常に重大な危機に陥れた。

51

9

西北ソビエト区が紅軍長征の終点となる

習仲勲の生涯―改革開放の立役者

長征を経て陝北に到着したころの毛沢東

　誤った反革命分子粛清の嵐の中にあって、中央紅軍の長征は一筋の光明で、重大な転機だった。

　大変な苦難の末にハダホに到着した紅軍は、陝北に劉志丹の紅軍がいると新聞で知り、思いがけない知らせに沸いた。1935年9月20日、毛沢東はハダホの関帝廟での団以上の幹部大会で指摘した。「民族の危機が1日1日と強まり、我々は行動し続けて北上して抗日するという当初の計画を完成しなければならない。まず、陝北に行き、そこには劉志丹の紅軍がいて、そこから劉志丹が創建した陝北革命根拠地までは40キロほどだ。元気を奮い起こして北上を続けよう。」

　10月、中央紅軍は1万2500キロの長征ののち、呉起鎮に到着した。毛沢東、張聞天は状況を知ると、すぐに命令を下した。逮捕を停止し、審査を停止し、殺人を停止し、すべては中央の解決を待つこと。

　11月7日、中央機関は瓦窰堡に入り、秦邦憲が指導し、董必武、王首道、張雲逸、李維漢、郭洪涛が参加する五人党務委員会を組織し、陝北の誤っ

た粛清問題解決に着手した。査問の結果、劉志丹らのでっちあげの罪名を転覆させた。習仲勲と劉志丹、楊森ら18人は初めて釈放され、ほかの同志たちも次々と釈放された。

「陝北根拠地は救われた！」軍民たちは歓呼し、知らせに奔走した。中央紅軍の同志は言った。"左"傾日和見主義がこの根拠地を叩き壊したら、中央は足を休めるところすらなくなる、と。こうして、陝甘辺と陝北の二つの根拠地からなる西北ソビエト区は中央紅軍の長征の終点と抗日戦争の出発点となった。

このころの歳月をふり返るたび、習仲勲は高ぶりを抑えきれずに言う。「毛主席が陝北に来なければ、根拠地は終わっていた。毛主席が4日遅ければ、劉志丹と私はいなかった。毛主席が手を出すなと言わなければ、私はとっくにこの世にはいなかった。劉志丹と私たちを生き埋めにする穴まで掘っていたのだから。」

習仲勲は瓦窯堡の中央党校に入って学び、訓練班の第三班の担任になっ

瓦窯堡中共中央党校跡

53

た。12月27日、習仲勲は中共中央が党校で開催した党の活動分子の会議に出席し、初めて長いこと尊敬していた毛沢東に会い、「日本帝国主義に反対する策略を論ず」という報告を聞いた。そのことは忘れられない思い出として胸に刻まれた。「精神を集中して毛主席の報告を拝聴し、その話はまったくその通りだと思った。路線もまったく正確だった。私の迷いが一気にかき消され、信念が倍増した。初めて毛主席の講話を聞いて、うれしくてたまらなかった。」

また、ここで初めて敬慕してやまない周恩来にも会った。「遠くから、紅軍の黒い木綿の軍服を着た人が歩いて来た。胸まで伸ばした長いひげ、黒々とした眉毛の下の皓々と輝く瞳はすべてを見通しているようで、見る者に粛然と敬意を覚えさせた。」

習仲勲は晩年、陝甘辺区革命根拠地の歴史的経験について深い考察を行い、自らの「歴史的回顧」と言う一文の中でこう指摘している。

「10年間の土地改革戦争で陝甘辺区党組織、紅軍兵士と人民は長期にわたる残酷な反革命包撃と党内の「左」派による右傾路線の干渉を何度も受けて、度々危険に見舞われ、ついにそれが雲散霧消した。勝利の曙光が陝甘高原の山水に輝き、ソビエトの種を革命の形勢から遅れた中国西部に伝播し、王明の左傾路線の失敗後の成果を残す根拠地として、中国共産党が指導する中国人民大衆の解放事業に絶大な貢献を果たした。」

陝北に来たばかりのころの周恩来

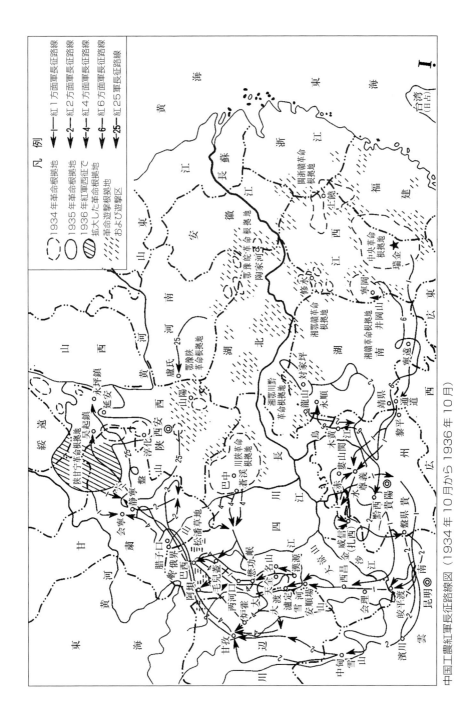

9 西北ソビエト区が紅軍長征の終点となる

中国工農紅軍長征路線図（1934年10月から1936年10月）

習仲勲が創建した陝甘根拠地の革命の経験は、戦友王世泰がよく知るところだ。彼は言う。「1935 年、党中央、中央紅軍は長征で大変な苦労の末に陝北にたどり着いた。毛主席は、陝甘寧辺区の役割の重要性を中央と中央紅軍の立脚点と抗日戦争の出発点ととらえた。陝甘寧辺区の根拠地がなかったら、中央はさらに苦しみ困難を極め、西北に立脚することはできなかっただろう。もちろん、その功績はみんなのものだ。だが、仲勲同志の照金根拠地建設と南梁根拠地建設の艱難辛苦があったからこそでもあり、やはり、習仲勲に功績があったと言えるだろう。」

10

延安のために南大門を守る

　1936年1月、中央は習仲勲を新たに設立された関中特区(元陝甘辺南区)のソビエト政府副主席兼党団書記に任命した。2月下旬、習仲勲は関中特区党政機関の駐屯地、新正県南邑村(今の甘粛省正寧県)に入った。4月、関中は東北軍十一師団の大規模な攻撃に遭い、特別委員会は撤退し、幹部たちも散り散りに撤退した。照金の撤退後と同じで、習仲勲は新たに成立した関中工委員会書記として残って闘争を堅持した。

南邑村で習仲勲が住んだ場所

曲環工委員会駐屯地跡

　5月、習仲勲は異動命令を受け関中を離れ、彭徳懐を司令員とする紅軍西方野戦軍に従って征西した。6月1日、曲子鎮が解放され、習仲勲は中共曲環工委員会を組織し、書記となった。群衆を動員して石臼と石盤を八珠塬に集めて、日夜、米を粉にして部隊に供給した。

　4日、環県は解放された。習仲勲は環県北の洪徳城に駆けつけると、中共環県県委員会を組織し書記となった。県委員会の機関は洪徳城の杏児鋪に置かれ、戦時であるので駐屯地は絶えず移動した。

　習仲勲が環県で働いたのはわずか3か月余りだったが、すぐに局面を打破し、組織創建を完成し、環県ソビエト政府の成立を指導した。県委員会の下に、組織、宣伝、軍事、組合、青年、婦人などの部を設け、警備隊を設立した。環県の最初の党員の1人として、環県、洪徳、胡家洞子の3つの区の遊撃隊を組織し、遊撃隊員は40名余り、長銃短銃は30丁余りあった。

8月中旬、中共陝甘寧省委員会書記の李富春が駐屯地の河連湾で習仲勲と話をし、中央が習仲勲に保安（当時は中共中央が駐屯していた）で新たな任務につくよう決定したと話した。

　今回の異動の大きな理由は、習仲勲が関中を離れてわずか数か月で関中の根拠地がほとんど壊滅し、中央は状況を熟知した同志に関中地区の闘争を至急指導させる必要に迫られていたことにある。一方で、中央の指導者たちは、誤った粛清に遭遇した同志たちを不公平に使用するという問題があることを意識し始めていた。中央組織部部長の李維漢（羅邁のこと）はのちに延安で語った。「あのころ、私は状況がよくわからず、彼らの意見を聞くことが多かった。特に習仲勲同志に対して県委員会の書記にするなど不公平であった。」晩年、さらにふり返って言っている。「"左"傾路線が清算されておらず、陝甘辺ソビエト区の地方幹部と軍隊の幹部は依然として日和見主義のレッテルを貼られ、彼らに対する任務の分配、特に一部

八珠塬

中共中央の陝西省保安駐屯跡

の高級幹部の仕事の分配は不公平なものだった」と。
　9月15日、習仲勲は保安で中央政治局拡大会議に出た。会議に列席した3つの地方の幹部の1人だった。習仲勲が初めて中央の会議に出たのはこのときだ。毛沢東は彼が会場に入って来るのを見ると、喜んでその手をとり、褒め称えた。「こんなに若いとは。まだ坊やじゃないか。」
　党中央は習仲勲に再び関中で指揮を執らせることに決め、関中特別委員会書記にした。習仲勲は、自分は一生のうち相前後して2回、党中央の南大門を守ったことがあると話している。一度目がこの再度関中に行ったことを指している。中央の仕事を指揮する張聞天が習仲勲に面会して言った。「やってみなさい。民団の団長はみな統一戦線を組んでいる。保甲長も聯保主任も。」
　4か月ぶりの関中で習仲勲の荷はさらに重かった。関中は陝甘寧特区の最南端に位置し、東、西、南の三面は国民党の統治区域で、西安から100キロしか離れていない。戦略的にきわめて重要で、国民党の頑迷派に楔を

打ち込む大切な地域だった。関中特区の管轄である淳耀、赤水、永紅、新正、新寧の5県がすべて国民党の部隊に占領され、各中心区には拠点が設立され、新寧県平道川という郷だけが干渉を受けないでいた。関中の遊撃隊は散らばって隠密に行動するしかなかった。

道中はずっといくつもの封鎖された道を通らなければならず、山を登り、溝を下り、林に潜り込み、毎日敵に遭遇した。中秋節も緊張した行軍のうちに過ぎて行った。

10月初め、習仲勲は旬邑県内の石門山に着き、関中の留守を守っていた張鳳岐らと石門関で情報交換をした。中旬、習仲勲は七界石で30数名が参加する関中党の活動分子の会議を開き、県を単位として遊撃隊を整理拡大することに決定、共に戦い、分散して活動し、関中遊撃隊指揮部を成立させ、指揮は郭炳坤、政治委員は習仲勲が担当した。できるだけ統一戦線工作を推し進め、中間の民団や保甲と共に最も反動的な少数分子を叩いた。各地の党の仕事を整理し、党の組織生活を健全化した。各県のソビエト政権を復活させ、新たにソビエト区を切り拓いた。交通員の張貴徳は今でも覚えている。「初めて習仲勲に会ったとき、習仲勲は情勢はきわめて厳しく、軍事的には敵が優勢だが政治的には我々が優勢にあると言った。」

習仲勲はすぐに関中の局面を打破した。関中遊撃隊は続けて、新正県馬塬、淳耀県譲牛村、赤水県郭家掌などで勝利を収め、関中地区の匪賊たちも粛清した。遊撃隊も14隊に発展し、隊員は500人にのぼった。地方政権もかなりの程度回復し、涇河三区、淳耀小橋と宜耀香山などの地に新たにソビエ

関中時代の習仲勲

10 延安のために南大門を守る

61

石門山

区を切り拓いた。

　12月中旬、西安事変後の党中央からの指示を受け取らなかったため、特別委員会は各地の紅軍と遊撃隊に出撃させ、民団と保甲に自発的に銃を上納させた。10日以内で、関中ソビエト区の版図はすべて復活し、淳耀、赤水、新正、新寧の4県のソビエト政府は完全に党の工作を復活させた。彭徳懐が涇陽県安呉堡で習仲勲ら責任ある同志に党の西安事変に対する政策を伝えると、関中はようやくソビエト区の拡大を停止し、国民党の部隊を消滅するのをやめた。

　1936年12月から1937年4月にかけて、中共陝甘省委員会書記を務めた李維漢が「関中工作の総括」という一文の中で、こう高く評価している。「私が通った陝甘ソビエト区では、関中が最も良いソビエト区だ」と。

　習仲勲はふり返って言う。「関中ソビエト区は新設の新寧、新正、赤水、淳耀などの県を含めて、楔のように深く国民党統治区に入り込み、戦略の

要所西安に迫っていた。関中根拠地は完全に回復し、遊撃隊も壮大になった。国民党の政権はまだあるが、我々の政権もこっそりと建立され、公の名義は抗日救国会とされた。」

言っておきたいのは、関中根拠地が完全に回復するとすぐに3つの主力紅軍が一緒になる重要な立脚点となったことだ。そして、関中特別委員会が駐屯する桃渠塬はたまたま延安（中共中央の駐在地）と涇陽県雲陽鎮（紅軍前敵総指揮部駐在地）を往来する線上にあった。この美しい小さな山村がいつの間にか風雲の中心となり、紅1軍団政治部主任の鄧小平と聶栄臻、楊尚昆、徐海東、羅瑞卿、陳光、王首道ら紅軍の将軍たちがここに数か月の長きにわたって駐屯し、彼らを迎え接待したのが関中特別委員会書記の習仲勲だったのである。

1937年の8月と9月の間、八路軍の主力が抗日に出征する直前、習仲勲は関中特区から緊急に500名余りの政治的軍事的に素質のある陝甘紅軍

石門関

63

関中特別委員会駐屯地桃渠塬（1936年12月から1937年4月）

幹部の戦士を補充団に編成し、120師団が駐屯する富平県荘里鎮へ向かわせた。これは八路軍ができて初めて補充した兵士たちで、八路軍総司令の朱徳、総政治部副主任鄧小平と120師団の師長賀龍らに深い印象を残した。43年後、鄧小平と習仲勲は、1人は中共中央の副主席、1人は中共広東省委員会の第一書記で、改革開放の第一歩をいかに踏み出すかについて彼らの間でただならぬ対話が交わされた。そのとき、2人は共に陝甘寧特区でのことを忘れず、関中特区での怒涛の日々を忘れていなかった。

11

“党の利益が第一”

　1936 年に関中に入ってから 1942 年 8 月に西北党校校長になるまでの 6 年間、習仲勲の指導の下で関中の各種の仕事はめざましい成績を上げた。

　第二次国共合作が成立する前後で分けると、関中の党組織は 2 つの時期に分けられる。1936 年 9 月から 1937 年 10 月は関中特別委員の時期、その後は関中分区党委員の時期である。1936 年 12 月、桃渠塬に進駐したばかりのころ、習仲勲ははっきりと“各郷には党支部を、各村には党員を”という要求を提出した。のちに 1937 年 10 月に馬家堡、1939 年 9 月に上墻村で二度の党大会が開かれ、各級組織と党員の人数も飛躍的に増えた。統計によれば、1941 年 5 月に中共西北中央局が成立したときには関中は県委員会が 5、区委員会が 20、党支部が 68 あった。

　党校などの形で党員幹部に政策理論と文化教育の特訓を施すのは、関中の党の一大特色だった。資料によれば、1941 年までに関中の郷、県以上の幹部はほぼ中学生程度の教育程度が身につき、そのほとんどは、本来は文盲だったのが新聞を読み、字が書けるようにまでになっていた。

　習仲勲は抗日民族統一戦線を模範的に執行し、国民党方面との線引きを積極的に推進した。関中特区には淳化と旬邑に 2 つの紅軍募集所があり、寧県の劉鉄山、宜君の沙秉炎民団と相互不可侵条約を結び、土橋民団の団長はソビエト区を攻撃する際に直接銃を持ったまま、投降してきた。

　関中では二度にわたり大規模な普通選挙運動を実施した。第 1 回は 1937 年 7 月と 8 月で、代表と各級政府の構成メンバーを民主的に選び出した。第 2 回は 1941 年春で、“三三制”政権の設置要求を実現した。選挙

は"人を認めて"豆を投じる（被選挙者が背を選挙人に向けて、投じたい人の後ろにあるお碗に豆を1粒入れる）か、名前を読み上げ、その部分を線香で焼やして穴を開けるか、移動式の投票箱を回すかして、投票率はそれぞれ70％と80％あった。開明的な士紳階級は政府の職に就き、中でも赤水県の紳士の景田玉は県政府財政科長を務め、新正県の老中医張治平、旬邑県の有名な隠者である蕭芝葆は関中分区参議院に選出され、張治平はさらに陝甘寧辺区参議院にも選ばれた。

　習仲勲の指導の下、関中の大生産工作が全辺区でトップになった。新正県を例に挙げれば、西牛荘農場を始めて年生産穀物が800石余りになっただけでなく、政府はさらに5万元を出資して消費生産合作社を設立、紡績工場、輸送部隊、商業部などの職場を作り、大衆の投資金16万元も吸収した。機関の駐在地は闘争形式が絶えず変わるのに伴い何度も移転して、桃渠塬、馬家堡、長舌頭、劉家荘、陽坡頭、雷荘村、馬欄などの地に駐屯した。執務環境を改善するため、習仲勲は軍民を率いて自らも手を動かし、馬欄河の西北面の高台に300余りの窰洞（横穴式住居）を掘り、病院、被服工場、機械修理工場、倉庫などを作った。

　関中の文化教育工作も全辺区のトップだった。1939年晩秋、関中劇団が馬家堡で誕生した。1940年4月12日、『関中報』が雷荘村で発行された。

　初等小学校は170か所から243か所に増えて、在校生は7000名余り、高等小学校はゼロから9か所になり、在校生は400名余りとなった。中等教育も始めた。1940年3月15日、陝甘寧辺区第二師範学校が馬家堡で誕生し、習仲勲が校長を兼任した。習仲勲は学校と農民に互助精神を申し出て、学生が農民の土地を開墾する代わりに、農民たちが学校の土地を耕すことで、学校の困難を解決し農民との親密な関係も築いた。1941年の春節前後に学生や教師90名余りが急性腸チフスにかかったと知ると、習仲勲は老漢方医張治平に治療にあたらせ、貴重な2本の注射と薬を学校に提供した。

　陝北公学（1938年7月から1939年7月）と魯迅師範（1938年4月から

馬家堡関中特別委員会跡（1937年4月から1940年5月）

陽坡頭関中分区党政機関跡（1940年6月から1941年7月）

11 "党の利益が第一"

戦友たちと関中ソビエト区で

関中分区第二次党大会代表集合写真

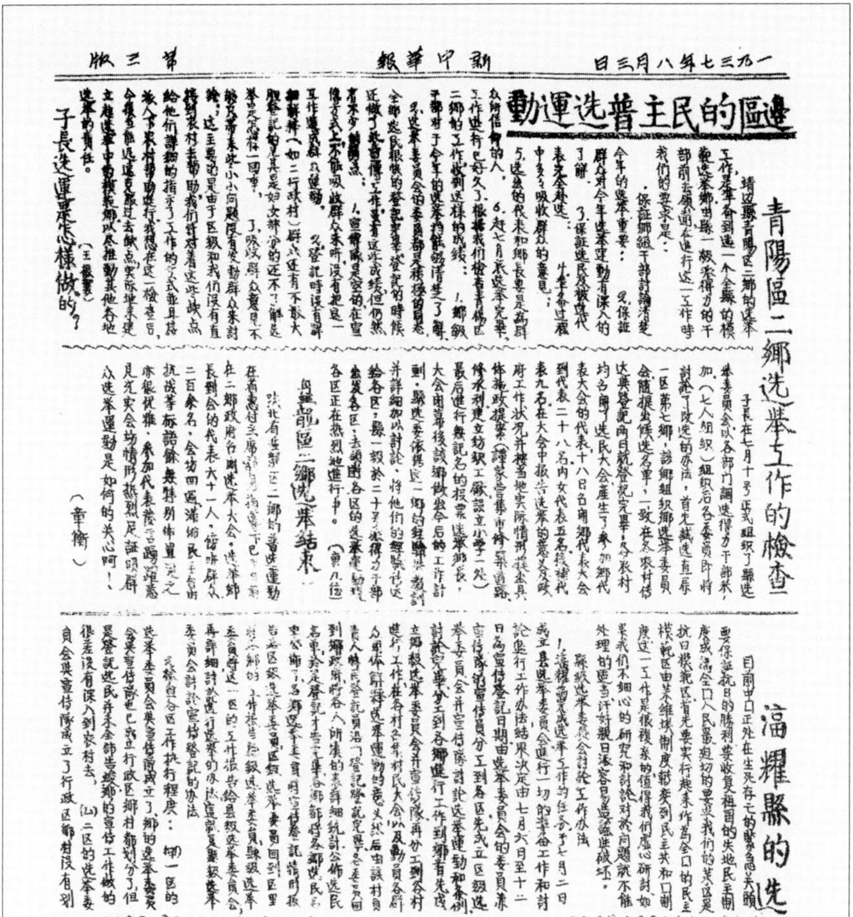

1937 年 8 月 3 日、『新中華報』第三面に載った関中特区淳耀県の選挙運動

1939 年 7 月）もそれぞれ関中に移転した。陝北公学の卒業生の何載は回想する。「当時、学校は困ったことがあると習仲勲を頼りました。食糧がなくなっても頼り、必ず何とかしてくれました。だから、陝北公学の当時の関中の条件は延安より良かったのです。」

　国民党の頑迷派は関中をしつこく狙っていた。1938 年冬からはしきりとことを起こし始め、1939 年 5 月は八路軍の栄校の残存者を射殺する旬邑事件を起こし、1940 年 3 月にはまた淳化事件を起こして我が関中駐留部隊を包囲攻撃した。この時期、習仲勲は関中の軍民を指導し、"敵が局部を進攻して来たら、我が方は局部を遊撃すべし。敵が全面進攻して来たら、我が方も全面遊撃すべし"の政策に従い、国民党頑迷派と真っ向から対決する反摩擦闘争を採った。1940 年の春から夏にかけてだけで、反摩擦戦闘は 90 数回あり、長短銃 410 丁、銃弾 8000 発余り、捕虜 248 人を押収した。関中根拠地はさらに堅固になり拡大し、9 月には新たに宜耀県にも設立した。不完全な統計だが、その年 1 年で習仲勲が陝甘寧辺区政府に書いた報告は 27 部、10 万字以上に及んだ。

　1941 年夏、習仲勲と文年生は部隊を指揮し、彬県の鳳凰山一帯で国民党軍と 3 日間にわたる激戦を繰り広げ、鳳凰山以南の国民党を駆逐し、続いて赤水県土橋鎮と新正県の一部の地区を取り返し、反摩擦闘争はこれで基本的に平息した。

　関中の 6 年間、習仲勲は常に大衆と共にあった。人々は何かあるとすぐ「仲勲に頼もう」と言った。1942 年の党組織の鑑定は、習仲勲を「党の貴重な人民の指導者」と賞賛している。陽坡頭で習仲勲と分区保安司令張仲良らは会議を開いた。部隊が木を伐採して人々に払った金が少ないのに人々は文句が言えないと話すと、習仲勲は激怒して責めて言った。「我々は人民の軍隊だろう？　どうしてそんなことができる？　人々の木が大きく育つのはどんなに大変なことか。司令である君と政治委員である私がなぜそんなことができる？　金がないからってそんな風に伐採していいのか？」その日の深夜、張仲良は習仲勲を訪ねて過ちを認めた。

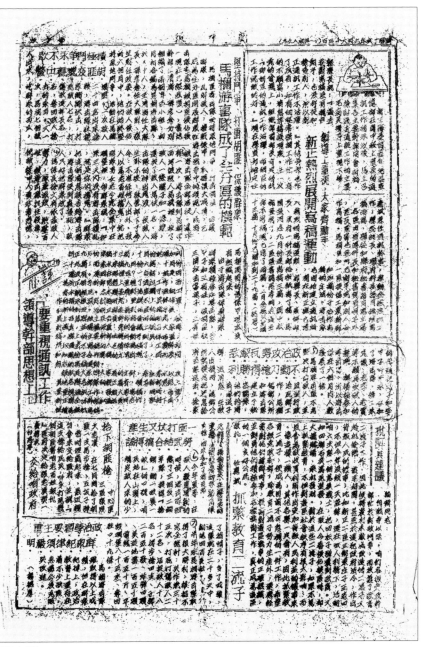

『関中報』

習仲勲が馬欄開で掘った窑洞

　1942年10月19日から翌年の1月14日まで、中共西北中央局習仲勲は延安辺区参議会大礼堂で88日間に及ぶ高級幹部会議、またの名を陝甘寧辺区高級幹部会議を開催した。毛沢東はこの会議を"整風学習の試験であるべき"とし、任弼時が中央の委託を受けて全日程を監督し,朱徳、劉少奇らも何段階に分けて出席しスピーチをした党の歴史上二度とない会議だった。

　会議は整風学習推進に集中し、重点は西北根拠地（陝甘辺と陝北を含む）の歴史問題に関する討論と総括だった。11月11日、習仲勲は大会で発言した際、陝甘辺の歴史と陝甘辺の党内の各種政策上の論争と闘争、陝甘辺と陝北での誤った粛反とその悪影響をふり返り、批判と自己批判を行った。1943年1月8日、習仲勲は「関中党史簡述」と題する一連の発言をして、関中の党の歴史経験を深刻に総括した。会議の進行中、中共中央は1942年12月12日に「1935年陝北（陝甘辺と陝北を含む）の粛反問題に関し改めて審査することを決定する」とした。

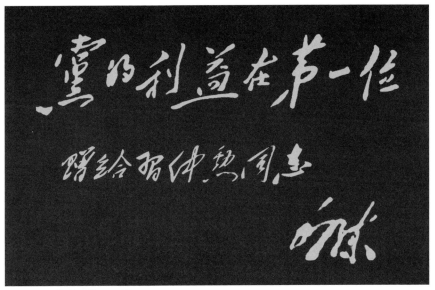

毛沢東が習仲勲に贈った題詞

　習仲勲の発言は毛沢東に賞賛された。この時期に毛沢東は習仲勲に対する理解と認識を深めた。
　1943年1月14日、西北局高級幹部会議の閉幕会で、毛沢東は経済建設に卓越した成績を挙げた指導者22人に題詞を与え褒賞とした。習仲勲に与えた題詞は「党の利益が第一」というものだった。長さ約1尺、幅50センチの真っ白な布に、"習仲勲同志に贈る"とあり、毛沢東の署名がある。
　毛沢東の題詞は習仲勲にとって最大の励ましとなった。習仲勲は言う。「この題詞は長いこと身につけ、私を励まし、世界観の改造に努める鏡となった」と。

12

延安の北門を守る

　1943年2月下旬、習仲勲は綏徳地委書記と綏徳警備司令部政治委員になった。赴任する前、毛沢東は楊家嶺の窰洞で励まして言った。「同じ場所に長くいると敏感でなくなる。新しい場所に行くのも鍛錬だ。」

　綏徳は陝甘寧辺区の北大門にあたり、人口52万、全辺区の3分の1を占める。国民党が長い間反動的な宣伝をしてきたため、ほとんどの群衆の共産党に対する認識はぼんやりしたもので、政治的覚悟も低かった。

　習仲勲は深く入り込んだ調査研究を提案、党の宣伝を拡大し、党の主旨、方針、政策宣伝に沿って幹部群衆を教育、整風、生産共に怠らなかった。「党の利益が第一」の扁額を執務室の壁に掛けて、自分への戒めとした。

　このころ、整風査問の工作は康生の指示の下にきわめて左に偏っていた。いわゆる「失敗者を救出する」運動が陝甘寧辺区の隅々にまで及んでいた。その影響を受けて、整風査問工作は綏徳師範などの職場で急速に粛清運動と化していた。一時は偽の自白が流行し、11、2歳の子どもまでが自分はスパイだと自白した。教師も学生もほとんどが査問を受け、疑われ、問題のない者はほんの少ししかいなかった。抗大総校の排長以上の幹部1052人中、疑わしい者、自白した者が602人で57.2％を占めた。綏徳警備司令部および各団の「問題のある」とされた者も425人にのぼった。

　習仲勲は、この問題の深刻性を敏感に認識した。講話や座談などの形式を利用して繰り返し本当のことを言うよう、党に対して忠実で正直であるように言い、でたらめを言うことはスパイの罪より重いのだと強調した。西北局と党中央に状況をありのままに報告し、自分の危惧を伝え、自白を

綏徳師範（前身は陝西省立第四師範）跡

迫ることを止めさせ、左の偏向を正すべきだと意見した。危険を顧みず、何度も人々に言った。「我々は常に党性ということを言うが、実事求是こそが最大の党性だ」と。

　中央が判別し偏りを正そうとしているとき、習仲勛は教師学生代表の姚学融、白樹吉らと地委で話をし、学生の保護者や幹部群衆が参加した3000人の大会で、共産党は1人の善人にも濡れ衣を着せることはなく、1人の悪人も許すことはないという防奸政策を宣伝した。さらに、保護者を校内に入れて学生と数日過ごさせ、自らの目で正常に勉学と生活が行われていることを見させ、党の政策が正しいことを信じさせた。

　選別と偏りの矯正は外から来た多くのインテリ幹部を保護し、濡れ衣を着せられていたすべての同志を再度審査して名誉復活させた。習仲勛は進んで濡れ衣を着た同志郝家橋(かくかきょう)に謝り、地委に責任を取らせ、運動が残したさまざまな問題を妥当に解決した。

いかに生産を発展させ、経済工作をするかは、習仲勲が就任後最も中心においた任務だった。4月中旬、習仲勲は部隊を率いて綏徳の西10キロの郝家橋村で期間1か月の定点調査をし、労働英雄劉玉厚という典型を発見した。劉玉厚は村中を動かして耕作をし、互いに仕事を交替して助け合い、穀物の生産量と生活水準が明らかに向上していた。綏徳地委は劉玉厚に模範党員、労働英雄の称号を授与し、全区で「村は郝家橋に、人は劉玉厚に学べ」の活動を展開し、習仲勲と専門委員袁任遠たち指導者が署名した「農村の模範」の賞状を郝家橋村に与えた。1943年5月18日の『解放日報』は、劉玉厚の先進的な事跡について特集を組んで報道した。

綏徳分区ではすぐに大生産運動のブームが沸き起こり、その年の穀物の生産は上がり、たくさんの模範労働者を生んだ。習仲勲も自ら手を動かし、自分の生産節約計画を真剣に立てた。勤務員と綿花、白菜を植えた。毎日1時間、毛糸をよった。事務用品を3分の2に節約した。1年間、服も布団も配給で補給しなかった。冬は冷たい床に寝て、火は焚いてもオンドルは使用せず、半月早く暖を取るための火も消した。身体を鍛え、医療費を節約した。

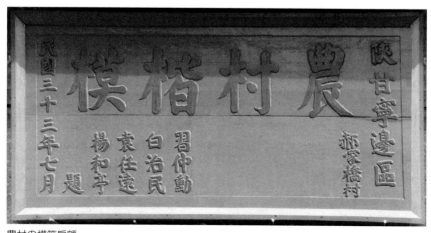

農村の模範扁額

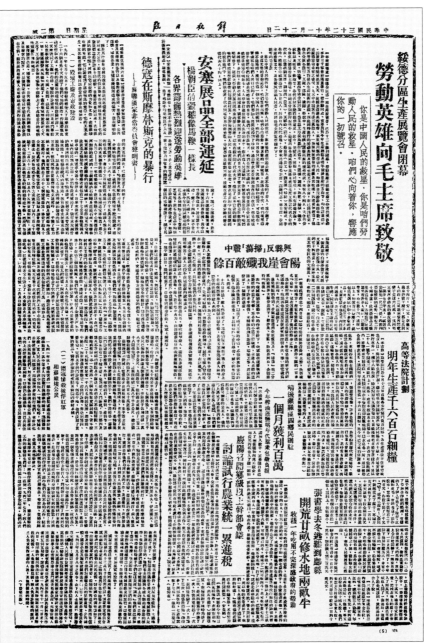

1943年11月21日、『解放日報』が綏徳分区生産展覧会に関連する状況を報道

副専門委員の楊和亭は心から敬服して言った。「中央の規定では植えるのに3年余りかかるところ、1年で済んだ。習仲勲の指導で耕作に余剰が出た。非常に能力があった。」

　文化教育が深刻に立ち遅れた実態に対し、習仲勲は綏徳で教育の革新を指導した。文化教育事業は全区6県52万人の群衆に服務すべしと提案し、労働と結合し、社会と結合し、政府と結合し、家庭と結合する努力目標を立てた。毛沢東は賛成して言った。「教育上の問題は少なくなく、どのように解決するかについて綏徳はいくつかの結合を提案した。これは方向性の問題で、なかなかいい。」

　1944年の秋には、綏徳分区には小学校が260校、生徒は1万1400人余り、民間校も22か所あった。夜間学校や訓練班なども開設、読書会、黒板新聞、漫画、秧歌隊、講演会、講談などのさまざまな教育方法と活動が活発に行われ、その中でも冬の農閑期の学校が突出していた。1944年3月11日の『解

習仲勲が郝家橋村で住んだ窰洞

放日報』は「綏徳国民教育大革新」と題した特集報道を組んでその経験を推進した。

　冬期学校は、1943年の冬にすでにブームになっている。その年、全区で905か所の冬期学校が開かれ、参加者数は7万715人にのぼった。1944年冬、習仲勲は子洲県周家圪嶗で専題調査研究を行い、『冬学運動を展開するにあたり掌握すべき方針』とする一文を書き、11月23日の『解放日報』に載せた。

　それ以外に、民衆劇社の基礎の上に綏徳分区文芸工作団を作った。習仲勲は文工団の食事と栄養を良くするよう特別に指示し、靴や靴下を配給して各地での公演がスムーズに行くようにした。

　1944年秋、習仲勲は綏徳分区司法工作会議での講話で、各級の党員幹部は自らの立場を明確にし、しっかりと宗旨を頭に刻み、そのために「尻はしっかりと民衆の側にすえて」という明確な要求をした。

1984年2月11日、北京の家で劉玉厚と歓談

12　延安の北門を守る

綏徳は「三三制」抗日民主政権建設の模範試験区だった。地委書記として、習仲勲は党外の人とも友人づき合いをし、彼らの意見に虚心に耳を傾け、こちらから献策を勧めた。陝甘寧辺区参議会副参議長安文欽（綏徳県）、辺区政府副主席李鼎銘（米脂県）、辺区参議員劉傑三（綏徳県）、劉紹庭（綏徳県）、姫伯雄（米脂県）らの人たちは何でも話す友だちだった。

　1943年3月、習仲勲は綏徳で、重慶の会議に赴く途中に立ち寄った国民党第12戦区副司令長官兼晋綏辺区総司令鄧宝珊将軍を歓迎する儀式を主催し、友好的かつ深く掘り下げた話をし、以来数十年に及ぶ友情を育んだ。

　綏徳は交通の要所であったため、当時各抗日根拠地から延安に向かうたくさんの党内の同志が綏徳を通り、職務の高低にかかわらず、歓迎と世話を受けた。任弼時はかつてこう褒めたことがある。「綏徳を通った同志はみんな言う。習仲勲同志は素晴らしい地委書記だと。」

13

革命の"両地書"

　1944年4月28日、習仲勲と斉心は綏徳地委の駐屯地九貞観で簡素な式を挙げた。

　斉心は1923年11月11日、河北省高陽県のインテリ家庭で生まれた。父の斉厚之は北京大学を卒業し、河北省埠平や山西省黎城などの地の県長を務めた。盧溝橋事変勃発後、斉心は姉の斉雲に連れられ北平を離れ、1939年3月に太行山抗日根拠地で革命に参加、同年8月14日に入党、党員候補となった。当時は組織の規定で満18歳にならないと正式な党員になれず、斉心はまだ16歳にもならなかったので、2年間は党員候補とされたのだった。だが、共産党撲滅に対する反対闘争の中での働きがきわめて優秀だったため、1年未満で中共の正式な党員となることができた。幹部候補生として斉心は延安の高等部から綏徳師範に移って、勉強しながら働き、総支部の委員となった。

　斉心が1か月遅れで綏徳に到着すると、壁には「歓迎習仲勲同志綏徳地委赴任」の標語があり、それで初めて習仲勲の名を知った。斉心は思い出して言う。「仲勲同志が学校に来て動員報告をして、そのときに初めてこれが習仲勲同志だと認識したの。初めて会ったのは暑い夏の盛りで、私が教室から出てくると習仲勲同志がクラス担任の先生（綏徳師範党総支部委員楊濱）と坂道を下りて来るのに出会ったので、慌てて敬礼すると微笑んでうなずいて通り過ぎたわ。」

　2人が知り合ったのは、まさに"落伍者救出"の運動が綏徳師範で恐慌を引き起こしているときだった。全部で500人余りしかいない学校で実に

81

習仲勲の生涯―改革開放の立役者

1947年初め、延安での習仲勲と斉心

400人余りが"救出"の対象となっていた。これは習仲勲の疑惑と不安を招いた。習仲勲は斉心ら学生代表を地委に呼んで話をし、学生の保護者に学校に来てもらい、党中央に告白を迫るのをやめるよう言い、極左の偏向を改め、濡れ衣を着せられた同志に謝罪し、実事求是が党の原則だとした。これらのすべてが斉心の夏の記憶として胸に刻み込まれた。

　まさにそのころ、斉心は習仲勲の執務室で初めて壁にかけられた毛沢東自筆の「党の利益が第一」の書を見たのだった。斉心は「字は漂白した布に書かれていた」と記憶していた。地委宣伝部長の李華生と綏徳師範党総支部書記の宋養初のお膳立てで、2人は次第に互いを理解するようになった。

　習仲勲は斉心に自伝を書かせた。斉心が思い出して言う。「仲勲は私に自伝を書いて直接渡すように言ったわ。当時の私は姉に言わせれば、まっさらな紙そのものだった。だから、自伝もごく簡単なものだった。」斉心

斉心が郝家橋村で住んだ窰洞

83

は自伝の中で、革命に参加するために二度家からこっそり脱け出して、二度とも父親に連れ戻されたと書いた。習仲勲は読むと笑って「私も若いとき、君と同じだったよ」と言った。抗大総校副校長兼教育長の何長工は手紙で習仲勲に斉心の状況を紹介し、「彼女は延安で育った」と書いた。

習仲勲と斉心が知り合って愛し合うまでは、手紙が２人の間を往復した。手紙で斉心は習仲勲が陝甘辺区革命根拠地を創設した最も若い指導者であることを知った。また、別の手紙で習仲勲は言った。「何か大きなことがあっても、自分は必ずそれを解決する」と。斉心は言う。「結婚を考えてもいいと思ったの。」

結婚式は九貞観の窰洞で行われた。簡単だが厳かなものだった。何長工と抗大総校政治委員の李井泉、綏徳警備司令兼独一旅旅団長の王尚栄、政治部主任楊琪良、分区専員袁任遠、副専員楊和亭、地委副書記白治民などの同志がお祝いに参列した。来賓と新婚カップルは１つテーブルで簡素な

2000年夏、斉心が陝西省委常委栗戦書（左４人目）に伴われて郝家橋村を訪れる

料理を食べ、それでも当時としては非常に鄭重な式だった。その日、綏徳分区保安処長で紅いシャーロック・ホームズと呼ばれた布魯が婚礼の式の習仲勛と斉心の写真を2枚記念に撮った。

結婚後まもなく習仲勛は斉心に言った。「これからは喜びも苦しみも分けあおう。でも、2人だけの世界に閉じこもってはならない。」1944年夏、綏徳師範を終えた斉心は沙灘坪区第一郷（駐屯地は郝家橋村）の文書秘書となり、続いて義合区の区委副書記になった。その後は中央党校六部で短い間学習したのを除いては、ずっと農村で基層の仕事をしている。

離れていることの多い結婚生活で、手紙が何よりも貴重だった。習仲勛が手紙で斉心と一番よく話すのは、大衆と共にあれということと仕事に努力しろということだった。習仲勛は手紙で妻に言った。農村は大学だ、学び尽くしたということはない、と。そして、自分が陝甘辺根拠地で1軒1軒群衆の中に入ってした経験をもって、妻の調査研究を励まし、1つの村でいい仕事ができれば1つの区でもできると言った。

斉心の親友の伍仲秋はあるとき、たまたま彼らの手紙を見て驚き、好奇心から聞いた。「これが夫婦の手紙？ 革命の両地書じゃないの。」まさにその革命の両地書が2人の愛情を昇華させ、美しい花となって綻んだ。斉心の言葉を借りて言えば、彼らの結婚は「政治的基盤と感情が基礎にあった」だからこそ、この革命の伴侶は人生の過酷な試練を次々とくぐりぬけ、共に手を取り合って半世紀以上に及ぶ時間を恨みも悔いもなく過ごしてきたのである。

「戦闘一生、快楽一生。毎日が奮闘であり、毎日が楽しい。」これは習仲勛の名言だ。習仲勛が亡くなると、斉心はこの言葉を書き、習仲勛の墓碑に刻んだ。

この革命の伴侶のロマンチックな愛情と気高い精神を表す、こんな佳い話があるだろうか。

14

爺台山反撃戦
や だいさん

　抗日戦が勝利を迎えようとするころ、中共第7回大会が延安で開かれた。習仲勲は1939年11月に陝甘寧辺区第二次党大会で第7回大会の代表に選ばれていた。1945年4月23日から6月11日、習仲勲は七大に出席し中央補欠委員に選ばれた。中央委員と補欠委員に選ばれた中で最年少だった。

　毛沢東は七大で「我々は全力で輝かしい前途と輝かしい運命を勝ち取り、反対に暗黒の前途と暗黒の運命に反対しなければならない」という有名な判断を論じ、「聯合政府を論ず」という書面での政治報告をした。西北局の駐在地（花石砭）で分会討論会が行われ、習仲勲と代表たちは、毛沢東は新民主主義の綱領と政策を提議しただけでなく、中国革命に明らかな方向性を示したと一致して認識し、大いに鼓舞された。

　習仲勲は続いて6月26日から8月2日まで開かれた西北党史座談会に参加し、会議は朱徳、任弼時、陳雲の指導の下に開催された。7月11日、習仲勲は発言の中で党の西北地区の闘争の歴史と経験と教訓を系統だてて総括し、こう厳粛に指摘した。

　歴史は最も貴い真実であり、完璧

抗日戦争期の習仲勲

爺台山主峰

14 爺台山反撃戦

に知らなくても構わない、知らなくても構わない、有害なのは歴史を歪曲し捏造することだ、と。

座談会が続行する途中、習仲勲は突然、毛沢東が自ら自分を名指しで爺台山(だいさん)反撃戦の臨時指揮部政治委員に任命したとの緊急命令を受けた。

爺台山は淳耀県東部（今の淳化県内）にあり、陝甘寧辺区南側の山脈だ。爺台とは神のいる台という意味で、関中の人間は神仏の尊称に爺を用いるので、爺台山とは神仏のおわします山という意味になる。眺めわたすと、山々が重なり合い、雲海がたなびいている。1945年7月、胡宗南は9つの師団を4つに分けて、爺台山の周囲の東西50キロ南北10キロの広大な地域をいきなり占領し、爺台山の頂を堅牢にする工事を始めた。

党中央はこの敵の侵入に対し、断固として反撃することを決めた。延安王家坪にいた毛沢東、朱徳、葉剣英らは自ら張宗遜、習仲勲に作戦命令を下し、すぐさま爺台山反撃戦の臨時指揮部を成立し、張宗遜を司令員、習仲勲を政治委員に、王世泰、王近山、黄新廷を副司令員、譚政を副政治委

87

張宗遜

習仲勲

員、甘泗淇を政治部主任、張経武を参謀長に任命した。戦将たちが結集した豪華な陣営である。8人の指導員のうち、1955年に新中国が初めて軍等級を授与した際、習仲勲と王世泰が参加しなかった以外は、大将1人（譚政）、上将が2人（張宗遜と甘泗淇）、中将が3人（王近山、黄新廷、張経武）いた。

爺台山反撃戦の臨時指揮部は馬欄に駐屯し、その下には第4旅団を新たに編成し、第1旅団、第2旅団と第3、第5、第8旅団を指導し、八旅団の兵力があった。臨時指揮部は敵の足並みがまだそろわないうちに、優位な兵力を結集して壊滅させることに決め、新第4旅団が主に攻め、第1旅団がそれを助けることにした。第3、第5、第8旅団は第二梯隊として鳳凰山、照金地区に集結して機を見て突撃進攻して敵に反撃し、第1旅団、第2旅団は嶺湾、上畛子地区で東西の敵を監視し、後方の安全を保障することにした。

習仲勲は戦いの前の政治動員でこう指摘した。頑迷派はよく野外戦だの、逃亡兵を捕まえろだのという名目でわざと摩擦を起こすが、今回、爺台山周囲の 41 の村々を占領したその目的は、我々の関中分区を奪い返し、新たな内戦を挑発することにあるので、「理あり、利あり、節あり」の原則にのっとり 1 人の敵も逃さず、防衛戦という一歩を越えないことが絶対に必要だ、と。

同時に、習仲勲と関中地委の責任者は軍の必要物品について討議し、地委の名で「関中を保衛し内戦を停止するための緊急指示について」を発布、「部隊が必要とする物は何でも、必要とするだけ送るべし」をスローガンにした。参戦部隊は武装して待機し、群衆は熱烈支援し、赤水県だけでも支援人員は 1400 人を超え、担架は 400 台、用意された兵糧は 5000 トン余り、軍靴は 1 万足が贈られた。

8 月 7 日、臨時指揮部はまず爺台山の主峰から 10 キロと離れていない鳳凰山麓の桃渠塬東の兎鹿村に移動し、それから桃渠塬に移って駐屯した。

8 日夜はどしゃぶりの篠突く雨だった。23 時に総攻撃を開始した。我が方の作戦部隊は猛攻撃し、敵は断崖絶壁を盾に必死で防衛した。戦闘は迅速に終結に向かい、9 日早朝、臨時司令部は第 3、第 5、第 8 旅団を戦いに投入、集中砲火を浴びせて敵を制圧した。10 時、第 3、第 5、第 8 旅団の八団二営六連隊が敵のトーチカの外濠に突進し、手榴弾と銃剣戦を展開、壮絶な戦闘を繰り返した。14 時、敵の防衛主峰は壊滅した。10 日、戦闘は終結、参戦部隊は爺台山周囲のすべての失地を取り戻し、敵の五連隊と営部 1 つを全滅させた。主峰に切り込んだ第二営六連隊はこの戦いのあと、硬骨漢六連隊と呼ばれるようになった。

張宗遜、習仲勲が指揮した参戦部隊はわずか 3 日で侵入した敵を壊滅させ、全面的に失地を回復した。毛沢東は「抗日戦争後の時局と方針」の一文の中でそのことを高く評価している。「少し前、国民党は六師団を調達して我々関中分区を攻撃してきて、三師団が侵入、幅 50 キロ、長さ 10 キロの土地を占領した。我々も同じ方法で、この幅 50 キロ、長さ 10 キロの

爺台山反撃戦記念碑

地面の上の国民党軍隊をきれいに徹底してすべて消滅した。」爺台山の勝利は辺区軍民の保衛勝利に対する信念を大いに鼓舞し、習仲勲にとってはこれは彼が西北戦場で名を馳せる序曲に過ぎなかった。

12日、アメリカ軍調査チームは、中立な立場としていわゆる現地調査を実施した。あちこちに散らばる薬莢と弾薬ボックスのアルファベット文字とアメリカ式の武器に、国民党の軍隊に肩入れした調査チームは非常に気まずい思いになった。

硝煙がおさまらないうちに全身埃だらけの習仲勲は中央組織部副部長に任命され、新しい指導の持ち場に向かった。

15

毛沢東の9通の手紙

　1945年10月、高崗が東北に異動すると毛沢東は習仲勲に中共西北中央局を任せた。毛沢東は党内の同志に紹介して、こう言った。「若い同志に西北局の書記を任せる。習仲勲同志だ。群衆の中から出てきた群衆のリーダーだ。」

　「群衆から出てきた群衆のリーダー」、習仲勲はその名に恥じない。かつて習仲勲と綏徳から延安に向かったアメリカの学者李敬白はふり返って言う。「どこに行こうと村々に知り合いがいた。村人と顔を合わせると、お

中共西北中央局書記習仲勲と副書記の馬明方

袋さんの病気は良くなったかい、親父さんの腰の具合はどうだ、などと聞くんだ。」

　習仲勲に何の仕事をさせるかについて、毛沢東にはいくつかの考えがあった。王震と南下するか、高崗と東北へ行くか、そして陳毅と華東へ行くか。毛沢東は最後に習仲勲に言った。「いろいろ考えたが、やはり陝北に残るべきだと思う。まず、陝甘寧辺区の建設をしっかりやることが当面の急務だ。」

　この年、習仲勲は32歳、各分局中、最年少の書記だった。その前の9月、習仲勲はすでに陝甘寧晋綏聯防軍政治委員を兼任し、党中央の保衛と陝甘寧辺区の保衛という重責を担っていた。

　1946年初夏、「双十協定」が締結されて間もなく、国民党軍は30万の兵力を中原の解放区に進軍させて大攻撃を行った。

　毛沢東はじっと事態の行方を見守り、中原包囲を突破した王震の部隊が無事に辺区に引き返してきて、胡宗南の部隊が辺区を侵攻してきたらどう対応するかという重大な問題について、王家坪で習仲勲と話し、意見を求めた。そして、2か月以内に9通の手紙を習仲勲に書いた。

　7月26日、毛沢東は習仲勲への手紙に書いた。「誰か、1人、2人頼りになる者を派遣して李、王の2部隊を助けてほしい。汪鋒などはどうか。」

　その前の6月、習仲勲はすでに西北局統戦部民運科長の劉庚を陝南に迎えにやらせていた。8月10日、さらに汪鋒を馬欄から出発させ、9月18日に商洛に行かせて、鄂豫陝の仕事を任せた。

　8月10日の1日で毛沢東は習仲勲に2通手紙を書いている。1通はこうある。「遊撃隊を数部隊（武工隊が良い）、李先念、王震が将来のため根拠地を創るのに貸してやって欲しい。」続けての2通目にはこうある。「十七軍八十四師が陝南仏坪で王震の部隊を堰き止めている。八十四師の中に我が党の同志または同情者がいないか、調べて教えてくれ。」

　11日、習仲勲は隴東地委書記の李合邦、甘粛工委書記の孫作賓、警3旅旅団長の黄羅斌、政治委員の郭炳坤に命令して、150人余りを武装させ

て隴南に向かわせ、遊撃区を創りすぐさま迎える準備をさせ、若干の武工隊を海原、固原、静寧、荘浪一帯で活動させて秘密が漏れないようにさせた。同時に警1旅団の2部隊300人強で編成した西府遊撃支隊を趙伯経に率いらせ麟游山区に赴かせ、胡宗南の部隊をけん制し、第3、第5、第9旅団の圧力を軽減した。

　8月19日、毛沢東は習仲勲に手紙を書き、三つの強力な部隊を準備するよう要請し、すぐさま辺境付近に出動させ、必要なときに対応できるよう待機した。

　19日夜の10時、習仲勲と王世泰は命令の発布を待ち、南線が出撃を組織、新4旅団を左翼として長武と彬県の間の隙を縫って突破して迎撃した。警1旅団は小さな遊撃隊を組織して昼は潜んで夜出没し、淳化、旬邑一帯で敵を麻痺しけん制した。

　22日、習仲勲は張仲良、李合邦らに電報を打ち、すぐに出動し遅れないよう命令した。日夜まんじりともしない毛沢東は習仲勲に手紙を書き、

ウランフ、王維舟、馬明方と延安で

仲勋同志：

王震行进甚速，拟以十一天到达宁镇或榆林地区。王东两电请阅，并摘要转告关中、陇东。关于集中两三个得力团位于适中地点，以便迅速出动策应王震，此事请你们布置，并即速出动于边区附近待命策应为要。

敬礼！

毛泽东

八月十九日

毛沢東の 1946 年 8 月 19 日の手紙

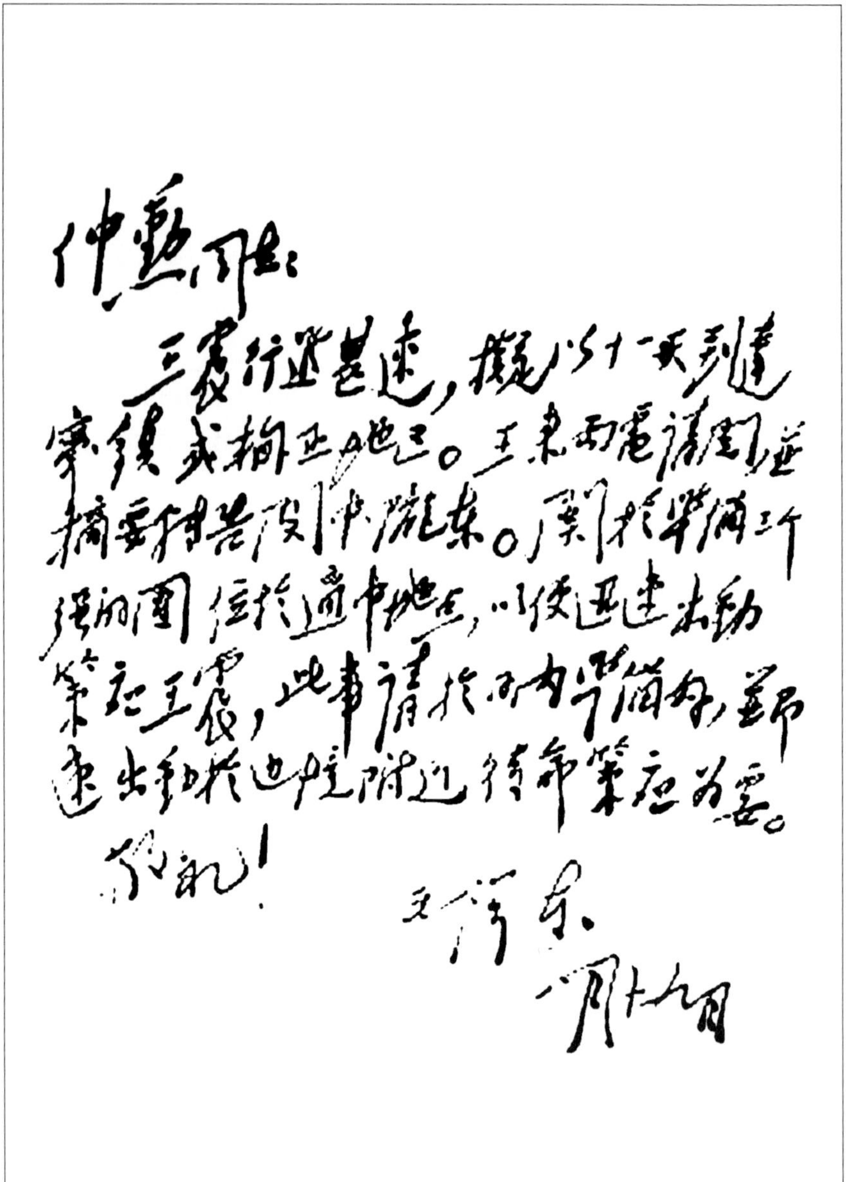

15

毛沢東の9通の手紙

毛沢東の 1946 年 8 月 23 日の手紙

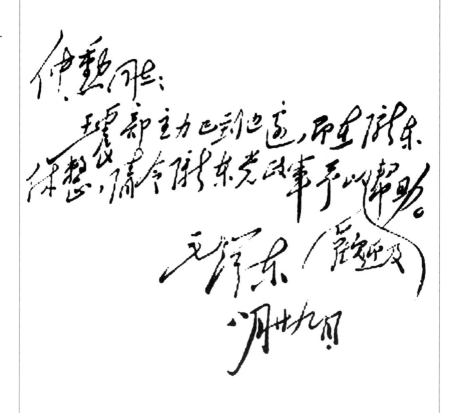

毛沢東の1946年8月29日の手紙

長武、彬県、平涼、隆徳、静寧、正寧、寧県、西峰、鎮原、固原などの地の敵の勢力と防衛布陣状況を訊ねた。

23日、南線が出撃を開始した。第3、第5、第9旅団は隴県を迂回して北に走り、習仲勲は南線の出撃と敵軍の防衛布陣状況を毛沢東に報告した。毛沢東はその日のうちにまた習仲勲に返事を書き、「よくわかった。布陣もとても良い。すでに王震にも伝えた」と言ってきた。

24日、習仲勲と王世泰は部隊に電報で命令を伝え、この度の出撃の主な任務は王震の部隊を無事に辺区に迎え入れることにあり、追撃してくる敵は絶対に排除して、これを撲滅し、王震部隊を安全に通したら攻勢は徐々に解いて、辺区に撤退すべしと指示した。

29日、第3、第5、第9旅団は長武、涇川間から西蘭公路を越えて、涇河を渡り、鎮原屯子鎮で警3旅団と勝利のうちに会合した。その日、毛沢東は喜びを隠せず、またもや習仲勲に手紙を書いた。「王震部隊の主力は

1946年9月、王震が第3、第5、第9旅団を率いて陝北に帰ってくる

すでに辺辺（陝甘寧辺区の周辺地区）に到着、隴東で休憩中、隴東党政軍は歓迎と補助を頼む」と。

　9月1日、毛沢東は習仲勲に手紙を書いた。「胡宗南には隴東に侵攻する計画があるようだ。いかに対応すべきか、計画を立て報告されたし。作戦にあたっては、必ず優勢な兵力を集中させて敵を壊滅すべし。手紙にある通りなら、6から7の旅団を集中させて敵の一旅団を滅ぼすべし。」

　習仲勲は毛沢東が9通手紙を送ってきたことをふり返って言う。「毛主席が私を呼ばれて、どう行ったらいい、渭河はどこから越える、と聞かれ、私に人を派遣して迎えに来させた。その間、主席は日を置かずにすぐに手紙を寄こされ、時には1日おきに寄こされた。1か月に9通も手紙を受け取ったよ。」

16

横山起義を策動する

　抗戦勝利後、国民党は速やかに軍事部署を調整し、特に横山から楡林の一線の駐屯軍を強化し、陝甘寧辺区を南北から挟み撃ちにしようとした。習仲勛はすぐに横山起義を策動し直接指揮して、国民党の戦略部署をかく乱し、無定河以南の広大な地区を解放し、辺区の北線の安全を保障した。

　1946年6月、毛沢東は習仲勛と会い、西北局と辺区の工作についての報告を聞いた。習仲勛は横山波羅堡に駐屯する胡景鋒の所属部隊を策動して起義を起こす構想（胡景鋒はそのときの陝北保安指揮部副指揮）を提案し、毛沢東はそれを重視し、すぐさま行動に移すよう指示、楡横地区を解放し、回旋の余地を拡大した。

　長城の麓、無定河の畔の広大な土地は昔から兵法で必ず取るべき土地である。明の長城の三十六堡の1つである波羅堡は無定河南北両岸の交通の要所であり、昔から有名な軍事要塞だった。

　胡景鋒は、有名な愛国将軍胡景翼の6番目の弟である。習仲勛と胡景鋒と胡景翼の子の胡希仲は立誠中学の同級生で、同窓のよしみだけでな

延安での習仲勛

胡景鋒

く、秘かに統戦関係を保っていた。

その年の春、習仲勲は胡景鋒とも同郷の同級生である師源を綏徳地委統戦部副部長に任命し、波羅堡に二度派遣して胡景鋒と連絡を取らせ、30数名の生え抜きを秘かに胡の部隊に潜り込ませて、起義のための基礎固めをした。師源は再び波羅堡に行くと胡景鋒に言った。習仲勲の紹介で中共中央は胡景鋒の入党を許可し、党齢はその年の7月1日からと換算する、と。同時に西北局は胡の部隊の張亜雄、許秀岐らを共産党員に批准した。ここに至って、起義は実施段階に入った。

　8月、習仲勲と王世泰らは北線戦役作戦の方法を研究し、北線作戦指揮部を設立、王世泰が総指揮、張仲良が政治委員になり起義部隊に助太刀することにした。月末、毛沢東と習仲勲、王世泰は会談し、主たる兵力を集めて壊滅戦に充てる戦術にすることを強調した。8月28日、習仲勲は『解放日報』に「警戒を高め、辺区を保衛せよ」の一文を発表した。

　9月中旬、習仲勲は西北局統戦部処長范明に白綾に書いた手紙を持たせ、波羅堡に派遣して胡景鋒と会って起義の計画の相談をさせた。出発前、習仲勲は起義をどのように実施するか、前後3回范明と話をした。波羅堡に着くと、范明と胡景鋒らは起義の計画と行動方法について具体的に相談した。范明はふり返って言う。「自分は堂々と自分が何者で、習仲勲に遣わされて貴殿に会い蜂起させに来たと言った。そうすれば彼らも自分がどういう関係かとわかり、裏切ることはないから。すぐに通されたよ。」

　范明は延安に引き返すと、習仲勲に起義の準備状況について報告した。

16 横山起義を策動する

波羅堡遺跡

習仲勛はただちに王世泰、范明とともに棗園に向かい、毛沢東に報告した。

　10月13日明け方、北線戦役が始まった。真っ赤な紅旗が波羅堡の城壁をスルスルと昇り、胡景鋒が保安第9団の5つの大隊2100人余りの官兵を率いて起義を宣言した。同日、石湾、高鎮の保安第9団所属の1400人余りも前後して蜂起した。胡景鋒は横山に駐屯する国民党22軍独立騎兵団にも蜂起を促す手紙を書いた。16日、同部隊の2000人近

横山起義記念碑

101

くが蜂起した。24日、辺区部隊は響水堡を攻め落とし、北戦戦役は終結した。横山起義は5000人の将兵に革命の道を歩ませ、無定河以南5000平方キロの広大な区域を解放し、その後の陝北転戦の勝利の布石を打った。

同時に、国民党軍胡宗南部隊も集結を開始し、辺区に侵攻しようとしていた。毛沢東は11月6日、習仲勲に手紙を書き、胡宗南第1軍と第90軍が禹門口から河を渡って西進してきて、延安を攻めてくるようだ、と知らせ、戦闘準備をさせた。13日、習仲勲は辺区政府機関幹部動員会で全軍民に延安、辺区、毛主席を守るため、動員をかけた。21日、習仲勲と王世泰らは連名で「敵の延安侵攻を阻止する」命令を発布した。

12月16日、習仲勲と中央軍委員会副主席兼参謀長の彭徳懐は山西省離石県高家溝で陝甘寧辺区、晋綏軍区、太岳地区の高級幹部会議に出席し、黄河両岸の2つの解放区聯防配置と協力作戦などの問題について話し合い、

延安保衛動員大会で話す習仲勲

1946年、陝北で

5000万法幣を東岸の軍需に充てるべく持参した。胡宗南の延安急撃の企みは不発に終わった。

24日、習仲勲は劉少奇、周恩来、朱徳、任弼時ら中央の首長に随行して、延安棗園講堂で胡景鐸ら蜂起軍の官兵に接見した。その晩は毛沢東も歓迎宴会に出席した。毛沢東は言った。「胡景鐸同志、敵が優勢で我が軍が劣勢の状況で鄧宝珊の船から下りて習仲勲の船に乗るとは、その選択は正確だったなぁ。」

17

辺区各部隊は彭徳懐の配下に入り、習仲勲が指揮することに

　1947年3月3日、陝甘寧野戦集団軍司令員張宗遜、政治委員習仲勲が指揮する部隊は合水西華池で敵の第4、第8旅団1500人余りを壊滅させ、旅団長何奇を射殺、いわゆる西華池の序戦である。

　このとき、胡宗南は34の旅団、約25万の兵力を結集させ、六手に分けて延安を重点的に攻め、一気に潰すつもりだった。

　毛沢東と中央軍事委員会はこれを高度に重視し、熟慮の末、彭徳懐と習仲勲を協力させて、この並大抵でない、だが栄えある任務を任せることにした。彭徳懐は中央軍事委員会副主席で、兵団を指揮し作戦をとる豊富な経験があった。習仲勲は陝甘根拠地と西北紅軍の創建者であり指導者の1人で、西北の地理と民情に詳しく、辺地軍民に愛され、軍隊の思想政治工作の豊富な経験があった。2人が手を組めば、辺区のすべての力を動員して敵にあたるのにこんなに有利なことはなく、侵犯して来る敵を人民戦争の大海原に陥らせることができるというものだった。

　13日、延安保衛戦が始まった。

解放戦争時期の習仲勲

14日、中央軍事委員会は習仲勲に「即刻延安に戻り、彭徳懐同志と辺区全局を指揮するよう」打電してきた。
　習仲勲は2日2晩、馬を走らせて、16日に南線から王家坪中央軍事委員会と毛沢東のいる所に戻った。会うとすぐ彭徳懐は毛沢東が起草した中央軍事委員会主席の命令を手渡した。命令は右翼兵団（張宗遜、廖漢生）、左翼兵団（王震、羅元発）と中央兵団（張賢約、徐立清）に次々と抗戦させるというものだった。命令は指摘した。上述の各兵団と辺区の一切の部隊は3月17日からはすべて彭徳懐の配下となり、習仲勲が指揮する。これは毛沢東と中央軍事委員会が延安を離れる前に下した最後の命令である。命令は正式な番号を授与されていないが、すでに西北野戦兵団の名称を使用していた。
　延安を離れて3日目の3月21日、彭徳懐と習仲勲は連名で中央軍事委員会に打電した。「敵が延安を占拠したあとの動向はいまだ不明、各兵団はできるだけ隠蔽し、22日より7日間しばらく休むべし。辺区は全面的

1947年春、作戦を練る習仲勲と彭徳懐（左）

105

に今晩の中央の指示を待ち、各区に発布せよ」と。これは、彭徳懐と習仲勲が連名で打った最初の電文である。胡宗南は、共産党軍はこれ以上は耐えられないと見て、調子に乗り、10 の旅団を延安以南に残すと 10 の旅団に急いで西北野戦兵団の主力を見つけ出させ、決戦に持ち込もうとした。

　3 月 23 日、西北野戦兵団は青化砭に「ポケット陣」を設置、25 日 10 時頃、敵の 31 の旅団は完全に「ポケット」にはまり、長さ 7、8 キロ、2、300 メートルの幅に圧縮された谷間でめちゃくちゃにやられることとなった。1 時間 47 分で敵の 2993 人を壊滅し、少将李紀雲を捕虜に、銃弾 30 万発を押収した。李紀雲は嘆いて言った。「もう決着がついたのか？　まさか、こんなに速く勝負が決まるとは。」

　4 月 10 日、西北野戦兵団は子長県雲山寺で旅団長以上の幹部会議を開き、部隊の紀律の整頓を強調した。習仲勲は厳しく、偵察部隊の中に「敵に食糧をやらず、自分たちで食べてしまえ」という間違った考えと行為が

青化砭で地形を視察する習仲勲と彭徳懐（左 2 人目）、徐立清（左 1 人目）、張文舟（左 4 人目）

羊馬河戦場跡

あったとし、紀律検査制度の設立を提案した。軍民の団結は敵に勝利する基本で、団結すればするほど大きな勝利を収められると言った。

　4月14日、西北野戦兵団は羊馬河以北に再度罠を仕掛けた。10時ごろ、敵の135の旅団が射程距離におびき寄せられ、4個の旅団で旅団1つを相手にするという優勢に立った。胡宗南部隊の董剣、劉戡の両軍の主力はわずか数キロしか離れていないのに我が軍に監視され、助けたくても助けに来られなかった。6時間の激戦のあと、敵は死者4700人余り、少将麦宗禹が捕虜となり、旅団1つが丸ごと壊滅されるという例を初めて作り、「虎口奪食」と称された。

　習仲勲は戦闘の状況をふり返って言った。「敵の主力は我が軍から数キロ離れた山頂にいながら、武器を押収され、捕虜に捕られるのを見てもどうすることもできなかった。この戦いは青化砭の闘いから20日も経っていなかった」

　習仲勲は部隊に、休みの期間は戦時の政治工作について積極的に組織討

17　辺区各部隊は彭徳懐の配下に入り、習仲勲が指揮することに

107

論するように言った。戦闘前、戦闘中、戦闘後もいかに各党員が己れの任務を認識し、党の基層組織が破壊されたときはいかにすぐさま回復させるか、どのように炊事員、飼育員の行動を指揮するか、いかにすばやく戦士を解放し部隊を補充するかなどの具体的な問題についてである。

　蒋介石は急いで胡宗南に主力部隊を北上させ、鄧宝珊の部隊を南下させて、西北野戦兵団を佳県、呉堡地区に消滅しようとした。胡宗南の主力が北上すると、蟠龍の守備軍7000人は甕の中のすっぽん同様逃げられなくなった。蟠龍は国民党軍の陝北の重要な補給所である。彭徳懐、習仲勲はこの機を逃さず、蟠龍の敵を壊滅させる決心をした。5月2日の黄昏、蟠龍攻撃が始まった。

　進攻は困難を極めた。彭徳懐と習仲勲は部隊に軍事の民主を発揮し、連隊長、伍長の幹部会議と班単位の戦士会を開いて、経験と教訓を総括するよう命令した。指導員も戦闘員も次々と献策をしあい、壕を鉄条網とトー

1947年春、戦闘の合間の習仲勲と廖漢生（左3人目）、張仲良（左4人目）ら

敵に攻撃をかける西北野戦兵団

17 辺区各部隊は彭徳懐の配下に入り、習仲勲が指揮することに

チカ近くに作り、道路を爆破して突撃し、順番に攻撃すると見せかけて敵の火力を消耗するなどの方法が次々と提案された。これは彭徳懐、習仲勲の大軍の戦闘の間隙を縫って行われた「火線諸葛孔明会」と呼ばれるものである。

3日午後、再び総攻撃が始まった。4日の24時までに敵の守備軍は全滅し、少将李昆崗を捕虜に、軍服4万着、小麦粉1万袋余り、銃弾100万発余りと大量の薬品を押収した。

従軍した新華社の記者が面白い戯れ詩を書いている。「胡蛮胡蛮役立たず、延楡公路は落とせず、蟠龍を落とし綏徳を落とし、進軍するも空ぶりで、官兵6000は捕虜となり、9個半の旅団も役立たず、鄧宝珊は身動きとれず。」

5月14日、安塞県真武洞で西北野戦兵団の祝勝会が開かれた。会の前に、斉心と習仲勲が会えるようにと組織は斉心を陝甘寧辺区慰問団に参加させて真武洞へ行かせた。ところが、習仲勲は斉心の顔を見るなり、みんなの

109

速報を読む軍民

前で厳しく叱りつけた。「こんな状況なのに何しに来た？」習仲勲は妻に言った。「戦争が10年続けば、10年会えなくても仕方ない。」

　習仲勲がどんなに重い責任を担っているか、斉心には分かっていた。たくさんの軍隊の中でひと目会えただけでも斉心は満足だった。

　5月20日、習仲勲は政治部の駐屯地杜溝で政治工作会議を主催し、群衆の紀律と解放した戦士と行動中の政治工作について討論し、一定期間内は政治工作の中心は解放した戦士の工作のためにあるとした。

　同日、毛沢東は電文中にこう書いた。「我が彭習軍（旅団たった6つの軍隊）は胡宗南の31の旅団を攻め、2か月で胡軍の戦意を喪失させ、さらに数か月で大量に敵を壊滅し局面を開いた。」胡宗南は正直に蒋介石に認めざるを得なかった。「いずれも戦いは劣勢、危機感は深く、抗戦を強いられています」と。

　5月30日、西北野戦兵団は隴東戦役を発動、19日間で敵を4300人余

り壊滅させ、環県、曲子、慶陽、合水以西の広大な地域を取り戻した。戦争の合間に指導員戦闘員は捕虜を優遇し、合水戦闘で捕虜となった馬歩芳部隊の兵士たちはそれが不思議でならなかった。習仲勲はすぐに座談会を開き、馬歩芳の兵士たちはみんな捕まえて来られた労働人民であり、我が軍に捕まったら1人残らず首をはねられると騙されて合水で必死で戦ったのだ。我々は捕虜を優遇し、旅費をやって帰してやる。そう言うと、事実をもって馬歩芳がウソの宣伝をしていたことを証明した。

　6月25日、西北野戦兵団は環県から三辺に向かって進軍し、馬鴻逵の集団を攻撃した。習仲勲はいくつかの河の水質に問題があると指摘、全軍に乾燥食料と水を携帯させ、群衆が甕に汲み置いた水を飲んで群衆の飲用水をなくさないようにした。7月上旬、安辺、塩池を攻め、それから三辺分区全地域を取り戻した。

　陝北に転戦するころには、彭徳懐と習仲勲は阿吽の仲になり、野戦兵団の戦意はますます高まり、戦闘8回、壊滅させた敵の数2万6000人、自

17　辺区各部隊は彭徳懐の配下に入り、習仲勲が指揮することに

三辺に進軍する西北野戦兵団

111

身の兵力は 2 万 6000 から 4 万 5000 人に増え、人民戦争の強力な威力を発揮、国民党の延安を重点的に攻撃するという計画に重大な打撃を与え、西北戦場の形勢を変えた。4 か月で彭習は連名で中共中央、中央軍委、毛沢東との間で 96 通の電報をやり取りし、毛沢東は西北野戦兵団を親しみを込めて彭習軍と呼び、彭習の間には深い戦闘の友情が結ばれたのだった。

18

土地改革の極左を正し、
毛沢東がこれに完全に同意する

　1947年7月21日から23日にかけて、習仲勲は靖辺県小河村で開かれた中共中央拡大会議（小河会議と呼ばれる）に出席した。

　小河会議は西北戦場を強化する問題についてじっくり研究し、5年で国民党政府を倒すことを目標にすると初めて提案した。会議は晋綏軍区を改めて陝甘寧晋綏聯防軍に編入し、賀龍が司令員に、習仲勲が政治委員になった。西北野戦兵団は名称を西北人民解放軍野戦軍と変え、彭徳懐が司令員兼政治委員、習仲勲が副政治委員になった。中共野戦軍前線委員会は彭徳

小河会議

賀龍と習仲勲

懐、習仲勲、張宗遜、王震、劉景范の5人からなり、彭徳懐が書記となった。河東(晋綏)、河西(陝甘寧)を統一した後方の工作は賀龍が責任を持ち、西北局は後方の仕事に転じることとなった。

進攻戦略に入る際、習仲勲が前方の彭徳懐、後方の賀龍の有名な2人の将軍と協力することは毛沢東と党中央が西北の戦場を強化するために定めた重大な決定だった。

1947年8月18日、習仲勲は賀龍、林伯渠と西北局、辺区政府と聯防軍機関を率いて蟋蟀峪東沿いに黄河を渡り、山西省西臨県、離石県にしばらく駐屯した。このとき、胡宗南の部隊は西北野戦軍の主力と決戦するため、黄河西岸を追撃し、逆に西北野戦軍に有利な戦機を創り出した。彭徳懐は20日に主力を指揮して沙家店を急襲、稲妻のごとく西北戦場の敵の三大主力の1つである整編36師団を消滅させ、陝北戦局を完全に覆した。これより、西北戦場は反攻段階に突入した。21日、習仲勲と賀龍は連名で野戦軍主力に反攻作戦の指示を発した。

10月中旬、習仲勲と賀龍、林伯渠は陝北に戻り、綏徳県義合鎮に駐屯した。西北局の駐屯地は義合鎮の北側の薛家渠村である。
　11月1日、西北局は薛家渠村の向かい側の陽湾で陝甘寧辺区幹部会議を開き、全国の土地会議精神を伝え、土地改革と整党工作を指示した。歴史上、これを義合会議と言う。会議中、"左"の様子が習仲勲に警戒と熟慮を引き起こした。習仲勲は、はっきりと辺区副参謀長であり民主人士である安文欽を追い払うという誤ったやり方に断固反対した。小河の会議でも、習仲勲は中農と民族工商業の利益を損ない、やたらと攻撃排斥し、"化形地主"を捕まえるという傾向をただちに改めるよう提案していた。
　義合会議後、"左"の偏向はますます激しくなり、最も深刻な佳県では中農、貧農の物まで一律に没収し、戦闘で犠牲になった兵士の家族まで家を追い出され、馬子が馬子の班長と闘争するという事態、貧しい小作農の反乱が起こっていた。当時、『解放日報』の記者だった張光はふり返って言う。「あれは本当に残酷で、誰もそれをどうしようもなかったし、誰も

18　土地改革の極左を正し、毛沢東がこれに完全に同意する

山西臨県南圪垯村で習仲勲が住んだ場所の庭

115

薛家渠村で住んだ窰洞

反対を唱えられなかった。何か言えばすぐ引きずり出されたから。習仲勲だけが毛主席に言えたんだ。とても印象深かったね。」

12月25日から28日にかけて、習仲勲は米脂県楊家溝で開かれた中共中央拡大会議（歴史上、十二月会議または楊家溝会議と言う）に参加した。

その前の準備会議の席で、毛沢東は名指しで習仲勲に土地改革の問題についての発言を求めた。習仲勲は自分が知るところの真実を一気に3時間喋り続けた。毛沢東の表情はだんだんと重苦しくなり、椅子を習仲勲のすぐ真向かいに動かして真剣に習仲勲の言葉に聞き入った。土地改革が始まって以来、毛沢東がこれだけの真実の状況を耳にしたのは初めてであった。全員が習仲勲の発言は言い過ぎで大胆すぎると感じていたとき、毛沢東は立ち上がって大声で言った。「西北はおまえに任せよう。そうすれば、わしも安心だ！」

会議後、習仲勲は工作隊を連れて綏徳、佳県に行って、会議の精神を伝え、土地改革を検査した。存在する突出した問題について、習仲勲は1か月余りの時間（1948年1月4日から2月8日）に3回党中央、西北局と

毛沢東に打電し、歯に衣着せずに"左"傾情緒に反対し、"左"への偏向を正すべきだと直言した。

1948年1月4日、習仲勲が綏徳で西北局に打った電文は中共中央に転送され、「もし老区で地主富農が中国の農村の8％を占めるやり方が援用されれば、当然誤りを引き起こす」ので、「老区では群衆運動を発動して、断固として"左"傾形式主義に反対すべきである」とし、こうも指摘している。「こうした"左"の情緒は群衆が初めから持っているものではなく、幹部が持ち込んだものである。運動を正確な方向に引き戻すのはしんどい仕事である」としている。

毛沢東は1月9日に返電して、こう言っている。「仲勲同志の提出した各意見に完全に同意する。この意見に従って各分区および各県の土地改革の工作をきちんと指導し、辺区の土地改革を軌道修正し、できるだけ過ちを起こさないように努めることを望む」と。

同じ日、毛沢東は習仲勲の1月2日の「我が軍が高家堡を攻撃する際、紀律を破壊した事件の報告」にこう書いた。「高家堡が紀律を破壊した行

十二月会議跡

1947年、陝甘寧辺区党政軍の指導者たちの集合写真。前列左から、林伯渠、賀龍、趙寿山、習仲勲、張邦英、曹力如。後列左から、王維舟、賈拓夫、楊明軒、馬明方、馬文瑞、霍維徳

為の責任を追及し、全軍に向けて政策教育と紀律教育を施行すべし。」

　1月5日から1月13日までの9日間、習仲勲は子洲県で調査研究し、指導工作を検査した。8日、調査の結果を西北局に打電している。10日、西北局はそれを中共中央に転送している。報告の中で、習仲勲は土地改革に存在する地主富農に対する一律の闘争と殴打を、多くリンチによって土地法令を貫徹してきた9種類の誤った現象に帰納している。西柏坡で中央工委工作を主宰した劉少奇は指示を書いた。「中央の各同志が閲覧のこと。中央はすでに閲覧済。」

　1月19日、習仲勲は再び毛沢東に打電し、晋綏の土地改革の"左"の影響と義合会議に潜伏する良くない情緒を指摘、辺区土地改革は"貧しい小作農"路線を強調し、"中農路線"に反対し、少数の真正ならざる群衆が村民を不安に陥れ、関係が極度に緊張しているとし、注意すべき9つの問題を帰納している。いわく、老区では中農が中心になることを怖れるな、

本当の基本的良き群衆は中農および一部の貧農の中にいる、と書いた。

毛沢東は20日に仲勲に返電して、「まったく同意する」と書き、「断固として"左"偏向を是正せよ」として、こう指示した。「仲勲同志のこの意見に完全に同意する。華北、華中の各老解放区にも同様の状況があれば、必ず注意して"左"の過ちを正すべし」と。

2月6日、毛沢東は習仲勲らに電報を打ち、異なる地区での土地改革に対する意見を求めた。

2月8日、習仲勲は毛沢東に返電して辺区の実情に従い、3種類の地区によって土地改革を進めるという創造的なアイデアを提案した。「日本の投降以前の解放区は老解放区、投降後から全国的反攻の時期までの2年以内に占めた地方は半老解放区、大反攻以降に占めた地方を新解放区とする。この分け方が実情に合っていると思います。それによって、土地改革実行の内容と歩みが違ってきます」として、老解放区も貧農がすべてを仕切ることはできないとする意見を提出した。

毛沢東はこの意見を非常に重視し、自ら習仲勲の電文を修正して、晋綏、中工委、邯鄲局、華東局、華東工委、東北局に転送した。

習仲勲は陝甘寧辺区で黄家川から老区の実態に即して土地改革推進を始め、肥えた地を抽出して痩せた地を補い平らにならす方法で土地を調整した。3月12日、毛沢東は黄家川と晋察冀平山県、晋綏区崞県の3つの典型的な経験を解放区に広めた。

土地改革運動で、習仲勲は速やかに党中央と毛主席に実際の状況を報告し、"左"への偏向を正すよう注意を促し、「1948年の土地改革と整党工作」、「土地改革と整党工作の若干の指導の問題」などの文章を書いた。老解放区、新解放区によって分け、"左"偏向などの思想の修正という注意喚起と意見は毛沢東と中央が非常に重視し、当時および解放後の土地改革に重要な指導力を発揮し、参考となった。

119

19

"すべては前線のため、すべては新区の発展のため"

　1948年2月、陝甘寧晋綏聯防軍は改名して人民解放軍陝甘寧晋綏聯防軍区となり、略称"聯防軍区"といい、賀龍が司令員、習仲勲が政治委員となった。西北の解放の絵巻はするすると広げられつつあった。

　3月3日、西北野戦軍は宜川を落とした。10日、辺区各界は米脂楊家溝で宜川獲得を慶祝し、三八婦女節を記念した一万人大会を開いた。習仲勲はスピーチで指摘した。宜川の勝利は証明する。全辺区の解放は大西北の解放が近いということだ、と。

1948年、習仲勲と賀龍（左1人目）、林伯渠（左4人目）、馬明方（左2人目）、賈拓夫（左5人目）、王維舟（左6人目）らと綏徳で

4月21日、聯防軍区所属部隊は延安を解放した。続いて、西北局が延安に駐屯した。斉心と戦地記者の張光の記憶では、習仲勲は王家坪の毛沢東がかつて使った部屋を仕事部屋にしていた。

　小河会議以来、習仲勲と賀龍、林伯渠は同じ鎮に住み、地方部隊が作戦に協力し、軍糧を運送するのを指揮し、軍を拡大させ、軍需の用意をし、大西北の解放に堅実なよりどころを提供した。

　国民党軍が延安に侵攻する前後、陝甘寧辺区共産党は2万人余りの遊撃隊と10万人強の民兵を組織し、山や谷に出没し敵の交通を遮断し、敵の拠点を打ち、軍隊を待ち伏せし、敵の特務をあぶり出し、主力部隊に協力して作戦を進め、敵を昼夜不安に陥れた。

　当時、辺区部隊と機関の共産党は全部で8万人、1か月に必要な穀物は1.6万石だった。1947年7月から1948年春までに、中央軍委、毛沢東、彭徳懐が習仲勲と賀龍に打った軍糧を用意させる急電は20本余りに及んだ。西北局は「陝甘寧辺区組織軍糧運送救災工作大綱」を制定、軍糧運送救災指揮部を設立、習仲勲が自ら政治委員を務めた。各地に兵站を設立、野戦軍がどこででも速やかに食糧を補給できるようにした。不完全な統計だが、1947年に陝甘寧辺区は公糧を24.6万石納め、前の年より8.3万石増えた。この1年で用意した軍糧は120万石余り、柴草6億キロで軍靴92万足を作った。

　群衆が喜んで軍隊を支援する姿は、習仲勲の記憶にまざまざと残っている。「1947年10月、私は綏徳、米脂、清澗一帯でたくさんの人々がまだ熟していないコーリャンやササゲを収穫して、夜を徹して炒めて乾燥させ、部隊に提供したのをこの目で見た。」

　習仲勲は1948年2月8日、西北貿易公司経理兼西北農民銀行頭取の喩傑らに手紙で指示を出した。「石鹸などの物資を内地の主要な拠点で輸入物資に交換することを許可するが、必ず規定に従って行うこと。内地と結んで妨害や密輸を行わないこと。」これは煩瑣だが前線支援に欠かせない工作であった。

延安を取り戻した人民解放軍

前線を支援するロバ隊

習仲勲と賀龍は聯防軍区内部のスリム化により部隊の作戦を充足させ、何度も参軍動員令を発布し、前後で4.2万人の青年を参軍に動員した。
　習仲勲はまた部隊と派出幹部に文物保護に責任を持つよう注意し、3月26日、賀龍と林伯渠との連名で「各地の文物古跡保護に関する布告」を通達した。
　同時に習仲勲は西北野戦軍の重要な作戦の決定にも参与して前委会議に出席、彭徳懐に協力して部隊の思想政治工作をした。
　1948年5月26日、習仲勲は洛川県土基鎮で開かれた西北野戦軍前委第二次拡大会議（土基会議という）に出席した。会議は西府戦役の経験と教訓を総括検討した。習仲勲は作戦に存在した深刻な自由主義を指摘、放任と妥協、命令を徹底せず戦機を逃す指導を厳しく批判した。
　勝利は刻々と迫っていた。習仲勲は西北局の工作方針が「すべては前線のため、すべては新区の発展のため」であるとした。

西北野戦軍前委員会第二次拡大会議で話をする習仲勲

19　"すべては前線のため、すべては新区の発展のため"

1948年の春夏、西北局は続けて3回会議を開き、新区の工作について研究した。7月19日から8月4日まで、また陝甘寧辺区地委書記会議が開かれた。習仲勲は会議の始まりと終わりに主題報告をし、基本区、接敵区、新区の3つの新しい概念を提出、接敵区と新区を敵軍に対する闘争の中心とし、土地改革はしばらく停止し、地権を確定し土地証明を発行して、大生産運動を基本的任務とした。

　11月、中央軍事委員会命令に従い、陝甘寧晋綏聯防軍区は西北軍区となり、賀龍が司令員に、習仲勲が政治委員となった。

　大西北の黎明は近かった。都市を接収することが緊急の課題となっていた。1949年1月11日から23日にかけて、中共西北野戦軍第一次代表会議が渭北武荘で開かれた。17日、習仲勲は「都市接収に関する問題」という報告をした。提出した基本方針はまず理解し、熟知して、精通し、その後で一定の可能な条件の下、少しずつ合理的に改革するというものだった。具体的な政策は「機構を解散し、材料を利用して」古い政権機関を徹

中共西北野戦軍第一次代表会議で「都市接収に関しての問題」の報告をする習仲勲

底的に粉砕、それに人民の政治機構が取って代わり、設備は保護保存し、一般の公務員は改造をして情状酌量の上、使う必要があった。

1月24日、西北野戦軍前委会議は中央軍委の命令に従い、西北野戦軍を中国人民解放軍第一野戦軍と改め、2月1日から新たな番号を起用した。同年11月30日、第一野戦軍と西北軍区が合併し、習仲勲は第一野戦軍暨西北軍区政治委員に就任した。

1949年3月5日から13日、習仲勲は河北省平山県西柏坡で党の第7回二中全会に出席した。

5月10日、習仲勲は延安桃林広場で挙行された進軍西安幹部動員大会でスピーチし、厳格な紀律を保持し、群衆と密接な連絡を保って初めてスムーズに西安の接収と建設ができるのだと強調した。習仲勲は言った。「分からないことは怖くない。怖いのは学ばないことだ。小学生に甘んじる覚悟があれば大学生にもなれる。逆に、小学生になるのが怖いなら、永遠に小学生のままだ。」

1949年2月15日、陝甘寧辺区参議会常駐議員と政治委員の集合写真。2列目左から5番目が習仲勲

6月4日、『群衆日報』（西安版）が重要なニュースを伝えた。西北人民の領袖で党政軍の責任者、中共西北中央局書記の習仲勲同志、中国人民解放軍西北軍区司令員兼西安軍事管制委員会主任の賀龍と馬明方、劉景范、趙寿山らが西安に到着した、と。西安に入ると、習仲勲は元の国民党省府の新城大院（今の陝西省政府所在地）に仮住まいし、その後、小差市国民党西安市長王友直の公館で執務した（今の西安市建国路）。
　6月8日、中共中央は新しい中共中央西北局を組織することを決め、彭徳懐が第一書記に、賀龍が第二書記、習仲勲が第三書記に就任した。そのとき、彭徳懐が指揮する第一野戦軍は西北（甘、寧、青、新）に向かって進軍し、賀龍が軍を率いて四川に入る準備をしており、習仲勲は西北局の日常任務を担当していた。
　9月30日、中国人民政治協商会議第一届全体会議が北京で閉幕した。習仲勲は中央人民政府委員会委員に選ばれ、その後、中央人民政府人民革命軍事委員会委員に任命された。

1949年6月、西安保衛動員大会で話をする習仲勲

1949年秋、習仲勲（右2人目）、賀龍、劉伯承、鄧小平、陳毅、王維舟（左から右へ）。北京頤和園で

　1949年10月1日、毛沢東が天安門の楼閣の上で全世界に厳粛に宣言した。「中華人民共和国中央人民政府は今日ここに成立した！」と。中国人民の新しい偉大な歴史の幕が切って落とされ、新中国が東方の地平線に昇る太陽のように誕生した。

19 "すべては前線のため、すべては新区の発展のため"

20

大西北を経略する

　新中国が成立して、彭徳懐、習仲勲の指導の下、西北の建設工作は迅速かつ秩序正しく進められた。1949年10月31日、11月2日、11月10日と習仲勲は三度にわたり西北局常委執務会議を開き、西北軍政委員会組織機構の設置法案を研究討論して、軍政委員会に若干の党外の人材を置き、各省政府委員会の党外の人間が3分の1を占めるべきだと提案した。習仲勲は特に民主人士馬惇靖を寧夏省政府の仕事に参加させ、馬鴻賓を甘粛省人民政府の副主席に就任させた。わずか数か月で西北の各省人民政府が相次いで成立した。

　習仲勲はさらに陝西省長安県を建政工作の試点に選んだ。10月8日午前、習仲勲は長安県第一届農民代表大会の開幕式に出席し、スピーチで各級の幹部に注意を促した。「我々は人民に雇われたのであり、人民の用務員であり、虚心に人民に学び、その教えに服従しなければならない」と。

　1950年1月19日、西北軍政委員会が西安で正式に成立し、彭徳懐が主席、習仲勲、張治中が副主席になり、委員会は44人からなり、そのうち党外人士が3分の1強を占めた。西北軍政委員会は中央人民政府が西北地区で軍事管制を実行する機関で、西北人民政府の職権を代行した。

　習仲勲は19日の就任式典で心を込めて言った。「人民に奉仕する精神で全党同志と共に各民族、各界人士と共に、互いに策り共に勉励し、西北人民の忠誠な勤務員になる。」

　同年3月、彭徳懐は北京に会議に行く前、西北常委会で言った。「わしが北京に行ったら、政府の職務は習仲勲が代行し内外に命令を出すときは

習仲勲の生涯―改革開放の立役者

128

主席代理と名乗る」と。

　10月4日、北京から専用機が飛んで来て彭徳懐を連れて行った。数日後、習仲勋は彭徳懐が中国人民志願軍を率いて朝鮮に作戦に赴くことを知った。大西北を経略する重責は、このときから習仲勋の肩に背負わされた。

　大西北は広大で広々とした山河の、古くから多民族が居住する土地であり、経済社会発展が非常に不均等な場所である。

　民族の団結は西北での仕事で最も難しい仕事だった。習仲勋は、すべての工作は民族団結の基礎にあると位置づけ、「穏やかに慎重に進む」という方針の下、その基本的順番はまず各民族の上層人士から始め、宗教方面の人々を取り込み、それから群衆を発動することにし、順序を逆さにしてはならないとした。西北軍政委員会は毎年2回会議を開いていたが、毎回各民族、各界、各民主党派の人士に列席を呼びかけ、その人数は委員の2倍から3倍に達した。

1950年、書類に目を通し、許可する。右は秘書兼研究室主任の黄植

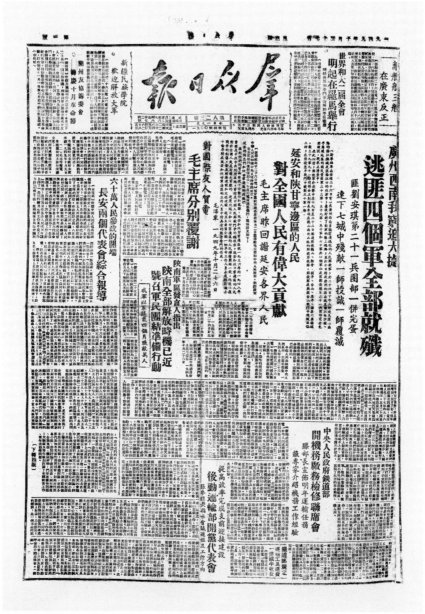

長安県で開かれた2つの代表会議を報道する1949年10月27日付の『群衆日報』

1950年1月19日、彭徳懐（左5人目）、張治中（左4人目）らと西北軍政委員会設立大会で各少数民族代表から錦旗の献呈を受ける

1950年1月19日、西北軍政委員会の記念撮影

20 大西北を経略する

民族地区の土地改革工作をうまくやることは新生の人民政権の重要な試練だった。習仲勲は自分から西北土地改革委員会主任を兼任し、まず農業地区、放牧地区の順で穏当に工作を進めた。大量に存在する牧畜区、半農半牧区に対しては、土地問題と民族問題は必然的に密接に絡んでくるため、習仲勲は「封建と反封建を連合する」という独創的な観点を提案した。つまり、一部分は封建性を認め、大部分では封建性に反対し、まずは各民族の上層部と宗教方面を取り込んだ統一戦線工作をし、それから群衆を発動して平和で安定した形勢になってから上から下の順で土地改革を進めるのである。

　西北局統一戦線部処長だった江平は感慨深くふり返る。「習仲勲のこの方法は理論上の高度な修養と十分な勇気がなければ、階級闘争の中にあって提案することは非常に難しい。この報告は毛主席の許可も得ている。一部の封建勢力を組み入れるということは西北のボスたち、大地主までが民主人士になり、我々の団結の対象となることだった。」

1950年6月、中共七届三中全会が北京で行われる。会議に出席した中央委員たち

1950年7月、彭徳懐（右1人目）、張治中（右2人目）、賈拓夫（右3人目）と西北軍政委員会第二次会議で

　1951年の2月から3月にかけて、「北京教授土地改革参観団」が西北に視察に来た。3月18日、毛沢東は言った。「呉景超、朱光潜らが西安付近に土地改革を見に行ったのはとてもいい影響を与えた。こうした事例で我々の幹部を教育し、閉鎖主義的な思想を打破しなければならない。」1953年の暮れ、西北地区は段階的に土地改革を終了した。
　立ち遅れた西北地区で経済を発展させ、工業建設を進めるのは、中共中央西北局の当面の大きな課題であった。困難には立ち向かっていくしかない。習仲勲は企業管理を改善し、経済戦線に打ち勝ち、労働者と資本家双方の努力を必要とした。1950年4月のあるスピーチで習仲勲は指摘して言った。労働者が生産管理に協力し労働規律の自覚性を認識し発揮させるべく資本家に伝える一方、生産をしっかりやることは私営工場の労働者の責任であり、管理の改良に対して労働者も積極的に意見を出す必要があり、資本家と協力して解決しつつも資本家の行政権と雇用の権利に干渉してはならないと労働者群衆に伝える必要がある、と。

1950年3月に開かれた西北第一届交通会議で習仲勲は提案した。「交通部門の工作をしっかりやるには、職員労働者全体の積極的な努力を促す必要があり、道路、橋梁の補修、保護管理などのさまざまな仕事に沿線の広範な農民を参加させる必要がある」と。1952年8月23日、天蘭鉄道が全線で開通した。9月11日、習仲勲はこう祝辞を述べた。「天蘭鉄道竣工という偉大な勝利、おめでとう！ 西北民族人民の長年の夢が解放後たった3年でかなった。これは大変喜ばしいことである。我々はさらに引き続き、西北鉄道幹線とすべての敷設が必要な鉄道建設実現のために闘争努力しようではないか。」

　習仲勲は農業生産の仕事を非常に重視し、1950年から1952年にかけて、毎年春耕の前に西北軍政委員会の名義で農業生産借款などについての指示を速やかに出し、各級に農貸委員会を設立させ、国家の貴重な資金で重点的計画的に農業の発展を助け、水利工事に力を入れ、穀物や綿花を増産させ、家畜を繁殖させよと言った。

　習仲勲は陝西省興平県の張明亮ら47の互助組を西北と全国の小麦産地に夏に収穫し、夏に小麦の優良種を残す競争に推薦した。国家農業部も全国の小麦産地

1950年、宝鶏蘭州に鉄道工事指導に来た鉄道部副部長呂正操とソ連の専門家と

1950年、西北地区第一次教育会議が西安で行われる。彭徳懐（左1人目）、蕭三（左2人目）、艾青（左3人目）、趙仲池（左4人目）

20 大西北を経略する

に号令をかけて、春に耕した基礎の上に互助組を組織した。陝西には3300の互助組があり、全国の8500の互助組がこれに応戦した。それ以外にも、西北地区は綿花の豊作競争や造林、水利、牧畜などの労働競争も展開した。

　1951年春、西北軍政委員会は毎年、造林を約900ヘクタール、植樹を2676万株という任務を課し、西北の林業をさらに一歩前進させることにした。1952年には1人が1年に1株を植える運動を積極的に展開し、西北のすべての鉄道の脇、道路の脇、河畔、禿山を少しずつ緑化し始めた。

9月3日、習仲勲は第一届西北林業工作会議に出席し、指摘した。「私たちが現在していることは中国を認識するばかりでなく、中国を改造し、もっと素晴らしいもっと美しい中国を建設することなのだ。」習仲勲はさらに西北人民にこう号令した。「数千里の流砂の線上に森林の長城を築き、滔々と流れる河の両岸の赤土の山の至る所に木を植えよう。」

1951年5月27日、習仲勲は毛沢東と中共中央に手紙を書き、一刻も早く西北の石油を開発し、西北石油管理局の責任者の康世恩を北京に赴任させ、燃料工業部と具体的な研究をさせるよう要望した。西北の石油工業は共和国初期に長足の発展を遂げ、西北工業発展のリーダーシップをとった。

習仲勲は政策を厳格に掌握し、現実に即して西北地区の三反、五反運動(1951年の暮れから1952年の10月にかけて、党政機関で働く者たちの間で展開された、反汚職、反浪費、反官僚主義と、私営工商業者の間で展開された、反贈賄、反漏税盗税、反国家財産横領、反手抜き工事、反国家経済情報漏洩の運動)を指導した。特に高級官僚摘発は最高潮段階を迎え、習仲勲はすかさず「細かく指導し、厳密にコントロールして、疑いがあっ

1951年3月、北朝鮮を訪問した中国人民慰問団

1951年の国慶節、左から張治中、賈拓夫と西北軍政委員会の閲兵式で

ても間違って逮捕してはならぬ、自供をでっちあげてはならぬ」とした。毛沢東は習仲勲を評価し、運動が最高潮に達した際には同志たちにこの点を注意するよう喚起すべし、と指示した。

　1952年初め、毛沢東は習仲勲が西安から送ってきた「中共中央西北局委員会全体会議に関する状況」の報告を読むと、この報告はよく書けていると言い、党内の同志たちに習仲勲はまさに非の打ち所がないと褒めたたえた。

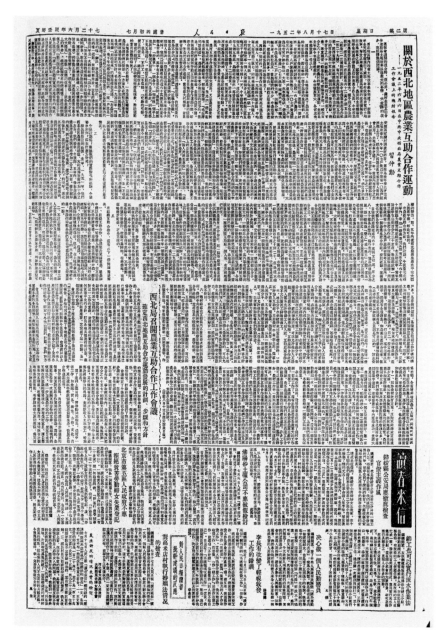

1952年8月17日、『人民日報』に載った習仲勲の西北局農業互助合作工作会議での総括報告

1950年、夫人の斉心と長女の橋橋と西安で

20　大西北を経略する

21

中央人民政府特命代表

　1951年4月22日、第10世パンチェン・ラマが初めて側近たちパンチェン会議庁を率いて北京に赴く際に西安を経由し、習仲勲は中共中央西北局と西北軍政委員会を代表して、飛行場で出迎え、この年若い生き仏と習仲勲は会ってすぐに意気投合し親しく話し込んだ。習仲勲は感嘆して言った。「志があれば年齢は関係ないな。」この年、第10世パンチェン・ラマは13歳だった。

西安飛行場で第10世パンチェン・ラマ（左2人目）を出迎える

第10世パンチェン・ラマ（前列左4人目）らと記念撮影

21 中央人民政府特命代表

　複雑な歴史的要因と帝国主義勢力のチベット侵略と干渉のため、1920年代に第9世パンチェン・ラマはチベットを離れざるを得なくなり、亡くなるまでタシルンポ寺に戻ることはなかった。

　人民解放軍がチベットに進軍するとパンチェン会議庁もできるだけ早くチベットに戻れるよう要求した。そこで、習仲勲と中共中央西北局は検討後、中央に打電した。「全チベット解放後または中央政府とダライ政府の協議が成立したらチベットに帰るのが正しい時期だと思われる。早すぎるとチベット解放戦略とチベット団結方針に影響がある」と。西北局の判断と中央の戦略は期せずして一致し、第10世パンチェン・ラマが安全にチベットに帰れることを保証するため、習仲勲は汪鋒、范明らを青海省のタール寺に派遣し、パンチェン・ラマの側近とチベットに戻ることについて話し合いを持った。

　5月23日、『中央人民政府とチベット地方政府によるチベットの平和的

解放方法についての協議』(『十七条協議』)が正式に調印された。6月21日、第10世パンチェン・ラマが西安を経由して青海省に戻る際、2人は再度顔を合わせた。24日、第10世パンチェン・ラマはタール寺から習仲勲に手紙を出した。「今後も毛主席とあなたのご指導の下、繁栄し幸せな新しいチベット建設のため努力することを心から誓います。」第10世パンチェン・ラマのチベット入りの条件は次第に整っていった。11月11日、中共中央は西北局に打電すると同時に青海省委員会に転送し、「パンチェンのチベット入りに関して責任を持ち、困難を克服し、粗相のないようにすること」、さらに「仲勲同志はパンチェンの出立前に毛主席と中央人民政府を代表してパンチェンに歓送の意を伝え、同行してチベット入りするチベット族と漢族の人に政策を説明すること」と伝えた。

　12月14日、習仲勲は第10世パンチェン・ラマを訪ねた。習仲勲は心から言った。「このたび西寧に来たのは中国共産党と毛主席に代わり、チベットにお帰りになるのをお送りするためです。」第10世パンチェン・ラマは感激して答えた。「共産党がなければ、毛主席がいなければ、私たちはチベットへは帰れなかった。」

　16日、習仲勲は青海省政府の講堂で行われた第10世パンチェン・ラマのチベット帰還歓送会に出席した。習仲勲はスピーチで指摘した。「パンチェン・ラマ殿がチベット帰還後、必ずや毛主席と中央人民政府の指導の下、ダライ・ラマとはさらに緊密に団結し、人民解放軍の援助の下、チベット平和解放方法に関する協議の規定をすべて執行し、帝国主義の影響を排除し祖国の国境警備を堅固にし、チベット政治、経済、文化の各方面が絶えず発展進歩を遂げ、輝かしい新しいチベットのために奮戦することを希望し、また信じるものである。」

　第10世パンチェン・ラマは返礼スピーチで興奮して言った。「共産党と毛主席と歩み、祖国の各民族兄弟と緊密に団結しさえすれば、我々チベット民族は徹底的に解放されるのです。ほかの道はありません。」

　17日昼、習仲勲はまた第10世パンチェン・ラマとその随行員と親しく

1951年12月、党中央と毛沢東を代表して青海省西寧でチベットに帰る第10世パンチェン・ラマを見送りに行く

話し、チベットに帰ったらダライ・ラマとその側近と、困難は多々あると思うけれども、良い関係を結んで、焦らずに協議を達成すべく少しずつ進むことであると諭した。

　パンチェン会議庁の役人は一定の量の銃と銀貨がいると要望し、向こうに着いたら小型乗用車をパンチェンに提供してくれないかとも要望した。習仲勲はすぐさま言った。「必要なものは手を尽して用意します。」こうも言った。「明日、すべて用意しましょう。」習仲勲は乗用車を8頭の牛の背に結わいてチベットに持ち込むことを許可した。

　18日、習仲勲は青海省委員会の小会議室でチベット平和解放についての協議をテーマに、時間を丸1日使って側近と共にチベット入りする漢民族幹部300人余りに報告を行った。習仲勲ははっきりと言った。「チベットで工作をするためには、穏健かつ慎重にやらなければならない。性急にことを急いではならない。穏健にというのは進まないということではない。

21　中央人民政府特命代表

じっくり頭を使い、やるべきかやらざるべきかよく考えることだ。やったら、結果はどうなるのか。そうすれば少しずつことは進み、安定することができる。これがチベット工作の方針だ。チベットの問題は時間がかかってもいい、焦ってはならない。時間がかかることを怖れず、正しいやり方をすること。でないと、間違った道を進んでしまうからだ。」

　この日、すでに16日に中共西北チベット工委と一緒にラサに着いていたパンチェン・ラマの側近の工作隊は習仲勲に電報を打ってきた。「この勝利はあなたと光栄なる党、共産党が私たちに与えてくれたものです。感激に耐えません。」

　19日、第10世パンチェン・ラマはチベットに帰る旅に出発する前、習仲勲に深々と別れの拝礼をし、真っ白な絹布を習仲勲に献上した。習仲勲もしっかりと第10世パンチェン・ラマの手を握って言った。「どうかご無事な旅を。」

　1952年4月28日、第10世パンチェン・ラマの一行は4か月の長旅の末、ラサに到着、6月30日に夢にまで見たタシルンポ寺に帰った。

　このあとも習仲勲と中共中央西北局は中央の委託を受け、ずっと第10世パンチェン・ラマとの連絡を保ち、家族のように親しく付き合い続けた。習仲勲が中央で仕事するようになってから60年代の初めまでの10年間、第10世パンチェン・ラマが北京に来て、チベットに戻るたび、習仲勲は空港や駅に送迎した。

　1962年、第10世パンチェン・ラマの『七万字の覚書』が批判を受けると習仲勲や李維漢らも巻き添えになった。習仲勲はさらに小説『劉志丹』事件で審査を受けることになった。二人は1962年に別れてから、それぞれ大変な日々を送り、16年後にようやく再会した。人民大会堂で行われた第五届全国協商会議第1回会議で久しぶりに顔を合わせると堅く抱き合い、しばらくは話もできなかった。

　習仲勲が広東に赴任すると、第10世パンチェン・ラマはわざわざ広東に会いに行ったこともある。習仲勲が中央に戻ると、1980年代からは毎

年の春節かチベットの正月を習仲勲一家は第 10 世パンチェン・ラマと一緒に過ごし、パンチェン・ラマは毎年習仲勲の家に羊を 2 頭送り届けた。習仲勲は思い出して言う。「遠くに行くときは見送り、帰って来ると話し合う。これが私とパンチェン・ラマの長い付き合いの習慣となっていた。」第 10 世パンチェン・ラマにとって、習仲勲は最も信頼に足る年長者であり、友人だったのである。

　習仲勲と第 10 世パンチェン・ラマは 1980 年代にかつての『七万字の覚書』事件をふり返って言ったことがある。当時、習仲勲と李維漢は周恩来の委託を受けて何度もパンチェン・ラマと彼の『七万字の覚書』の中の党のチベット政策に対する批判について話し合い、おおむねは良いけれども言い過ぎのところがあると言った。習仲勲はパンチェン・ラマの率直な物言いとその精神を評価したけれども、同時に感情に任せて物を言ってはならないとも戒めた。パンチェン・ラマも習仲勲にこう言った。「お話はわかります。あなたは子どものころから私を見てこられた。初めから私を助

第 10 世パンチェン・ラマ（右）とアワンジンメイと

1986年6月15日、北京民族文化宮で第10世パンチェン・ラマ（右2人目）とチベット・タンカ展覧会を参観

けてくれて、党を代表し、私の友でもある。私のためを思ってくれていることはわかりますし、とても感謝しています。言ってしまったことは言ってしまったことです。今後は注意します。でも、私も本当に党のためを思ってのことなのです。」

　習仲勲と第10世パンチェン・ラマの友情は何があろうと変わらず、終生続いた。1989年1月28日、第10世パンチェン・ラマはタシルンポ寺で亡くなった。その知らせに習仲勲は深く嘆き悲しみ、パンチェン・ラマが最後に贈った白絹を手に涙を流した。習仲勲は第10世パンチェン・ラマを悼む文章を『人民日報』に発表した。行間に溢れる真情は読む者の心を動かした。

22

毛沢東いわく「諸葛亮孔明よりすごい」

解放初期、西北地区は匪賊が跋扈し、大きいものだけでも470余り、13万人はいて、それに追随する民衆も9万人はいた。1953年の上半期には西吉、アムチフ、ウスマンなどの反乱事件もことごとく平定され、匪賊は基本的に粛清され、民族の団結和睦が実現した。そのうち、青海省のクンラ部落千戸項謙を平定したときは、習仲勲は匪賊を討伐し民族問題の解決を指導した模範とされ、毛沢東に高く評価された。

1950年6月29日、習仲勲は西北局拡大会議での総括でこう述べた。「どんな匪賊も、特務が指導する武装暴動も含めて、群衆問題として見る必要がある。そうして初めて問題を謙虚に処理し、策略を強化することができ、過ちが起こるのを防ぐことができる。」さらにはっきりと要求した。「いかなる匪賊問題もまず防御、それから進攻で、分化してから打撃を与え、必要に応じては相手をなだめ結合する方法を取ることもある。」

クンラ部落は西寧から150キロの青海省貴徳県尖扎灘地区(今の尖扎県)に住み、7つのラマ寺院と8つの村があった。1000戸余り、8000人が住んでいた。項謙はクンラ部落第十二代の千戸で、集神権、族権、政権を一身に把握している。解放したばかりのときは人民政府に帰順し、青海省政協委員に任命された。1950年初め、馬歩芳ら残党匪賊と国民党特務にそそのかされ、"反共救国軍"を組織、武装して人民政府と群衆を襲撃、人民解放軍を襲撃までした。政府の努力により、1950年8月、項謙は再び西寧に来て帰順の意を示したが、クンラに戻るとまた裏切った。項謙は反動的な一面もあったが、教唆利用されているところもあり、説得する余地

があった。第10世パンチェン・ラマとシラジャツォ大師は手紙を書き、人を派遣して説得に努めた。

　8回に及ぶ説得も効果がなかったので、青海省の責任者は軍事進攻を主張した。習仲勲は9月30日に電報を青海省委員会に打った。「放牧区のチベット民族に対して我々はやるべきことはやったと言えるが、情勢が安定したと言うのはまだ早い。川、康、甘、青の辺境チベット区の多くの地方、青海省の各チベット族部落に我々はまだ行ったことがない。手を差し伸べてもいない。これらの膨大なチベット地区に対する影響を考慮しなければならない」と。こうも指摘した。「政治方面の工作がまだ十分にできていないのなら、（もちろん軍備上の準備も含めて）進攻して成敗するのはまだ早い。項謙が目に余れば余るほど、むしろ孤立を深めると理解すべきだ。」

　青海省はそれでも軍事進攻を堅持していた。習仲勲はすぐに省委書記の張仲良に電話した。「絶対に攻撃してはならん。勝手に出兵してはならない。

美しいジエンジャー

クンラ千戸府

政治工作がまったく無効になってから軍事攻撃は考える。中央の許可が出るまでは行動を起こすな。説得工作はシラジャツォ大師に任せよ。」

1949年12月から1952年4月まで、項謙は何度も帰順してはまた裏切った。習仲勲の指示の下、チベット仏教の大師シラジャツォと青海省委統戦部部長の周仁山とチベット族部落の首長、寺の生き仏ら50人余りがそれぞれクンラ地区に入り、項謙と延べ17回にものぼる話し合いを持った。

1952年春、項謙は反乱を起こし武装して何度も人民解放軍を襲い、チベット族部落の首長たちも動揺して武器を手にクンラに向かい、事態は日増しに深刻になっていった。軍事進攻の機は熟した。4月9日、青海省委は西北局に打電して軍事包囲の指示を要請した。

「心を攻めることができれば敵対者は自然と消滅し、勢力を見極めねば寛容も厳格も効果なし」と習仲勲は何度も繰り返し、条件付きで青海省委と青海省軍区の4月下旬の軍事包囲に同意し、22日と25日に立て続けに二度青海省に打電した。「包囲中はできるだけ項謙とほかの特務匪賊とを

22 毛沢東いわく「諸葛亮孔明よりすごい」

第12代クンラ千戸項謙

分け、項謙が中立に回り次第それを認めるほうが有利である。とにかく今のところは積極的に多方面から工作を続け、でも油断をしてはならない。」これらの指示は最終的に項謙を味方につける思想的基礎となった。

戦闘は5月2日早朝6時半に始まった。4時間で反乱武装勢力は崩壊し、項謙は少数の部下と尖扎の西南35キロの密林に逃げ込んだ。青海省委は習仲勲と西北局の指示通り、クンラ区に委員会を設置、群衆大会を開いて党の寛大政策を宣伝し、捕虜となった武装首領を釈放した。青海省人民政府は尖扎地区に救済金2億元（旧貨幣）、食糧4万キロを提供、医療、教育、貿易、民族などの幹部で構成された工作隊を派遣して、布、食塩、茶、薬品、映画やチベット語の宣伝資料を持って部落に慰問に行き、項謙の病に伏せった母親も治療してやった。

人民政府の誠意に感動して、項謙は1952年7月11日午後、ナンフカガイ森林を出て人民政府に投降した。7月16日、新疆にいた習仲勲は青海省方面からの電報を受け取ると、すぐに西北局と青海省委に返電した。「項謙はいろいろ考えてこちらの様子をうかがってるのかもしれない。いずれにしろ、こちらは誠意をもって接し、感化させればきっと良い結果になるはずだ。項謙はすでに怯えきっているから、ちょっとのことで逃げ出さないとも限らない。どんな状況でどう逃げ出そうとも、十分警戒してすぐにまた捕まえて相手が我々に信服するまで諦めないこと。」

習仲勲が指導した方法で項謙はついに1952年夏、人民政府の傘下に入

り、『青海日報』に「人民に帰属した感想」を発表、西北地区は大騒ぎになった。

　8月11日、習仲勲は蘭州に到着、喜んで宴席を設けて、この人民政府に帰順した"最後の千戸"に接見し、今後は政府の指導の下、尖扎地区の建設に務めるよう励ました。項謙は白絹を献上し、黄南州州長として習仲勲の期待に応えるべく職責を果たすことを約束した。

　項謙を説得する仕事は丸々2年7か月を費やした。中央統戦部部長李維漢による詳細な経過報告を聞いた毛沢東は、諸葛孔明も異民族を7回捕まえて7回放している、我々はそれより多い10回捕まえて10回放したのだ、と言った。その後、習仲勲に会うと、毛沢東はこう冗談を言った。「仲勲、諸葛孔明は七度目にして異民族を帰属させたが、おまえは孔明より辛抱強いな。」

22　毛沢東いわく「諸葛亮孔明よりすごい」

クンラ千戸項謙の子孫たちと

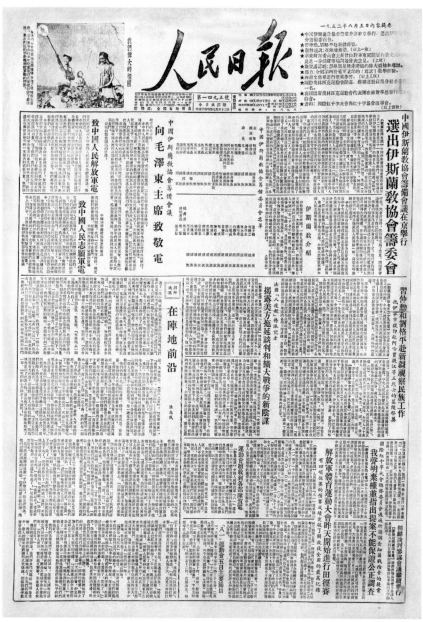

1952年8月5日、習仲勛が新疆に民族工作を視察に行くことを報道する『人民日報』

23

すご腕の中央宣伝部長

　1952年8月、中共中央は各区の主要な責任者である高崗、鄧小平、饒漱石、鄧子恢、習仲勲を中央で仕事させることにした。人々はこれを「五馬入京」と言った。習仲勲は39歳、一番年長の鄧子恢より17歳若く、一番若い高崗よりさらに8歳若かった。

　8月7日、中央人民政府委員会第17回会議は習仲勲を政務院文教委員

中宣部部長と政務院文教委員会副主任のころ

習仲勲の生涯―改革開放の立役者

仕事中の習仲勲

会副主任兼文教委員会党組書記に任命した。9月22日、習仲勲は陸定一の後任として中央宣伝部部長に就任、11月16日、国家計画委員会委員も兼任した。

習仲勲の中宣部部長就任にはこんなエピソードもある。それ以前に中宣部は、毛沢東が中宣部にはやり手の部長を派遣すると言ったのを聞いていた。しばらくして、それは習仲勲のことだと分かった。

習仲勲は、中宣部部長に就任するには迷いもあった。陸定一は七大以前から中宣部部長を務めてきたベテランだった。その陸定一が副部長となって自分の部下になるのはどう考えても自然ではない。そして、中宣部部長になるには習仲勲も覚悟が足りていなかった。毛沢東に随行して汽車で居庸関を視察した際、習仲勲は毛沢東に自分の不安を訴えた。毛沢東は習仲勲に蛇使いの話をして聞かせた。蛇は一見怖ろしいが実は非常に大人しく、蛇使いの言うことをよく聞くという。それは蛇使いが蛇の習性をよく知っているからだと。習仲勲は中宣部で働いたことがないが、しばらく働いてその仕事の規律を把握すれば怖いことはない、きっと立派にできる、と。陸定一と中宣部の者たちも、習仲勲が来て中宣部の仕事を強化することを誠心誠意歓迎し、どの仕事においてもよく協力しチームワークを大切にした。

1952年秋、毛沢東は社会主義への思想を錬り始めていた。翌年9月、中央は正式に党の過渡期の総路線を公布した。つまり、相当長い期間をかけて、少しずつ国家の社会主義工業化、農業、手工業、資本主義工商業の社会主義改造を実現することである。習仲勲の指導の下、中宣部は『一切の力を動員して我が国を偉大な社会主義国家に建設するための闘争——党の過渡期総路線の学習と宣伝に関する提網』を起草し、中央の肯定を得て、毛沢東が自ら修正したあとに全国に徹底させ実行させた。これより中国共産党の宣伝工作は新民主主義の綱領、方針、政策の宣伝教育から、過渡期総路線の宣伝教育へと重大な歴史的転換を迎える。

1954年5月、中共中央は第二次全国宣伝工作会議を開催した。会議は

習仲勲の生涯―改革開放の立役者

1953年、中南海で

23 すご腕の中央宣伝部長

1954年5月、第二次全国宣伝工作会議代表の集合写真。前列左から、習仲勲、林伯渠、朱徳、毛沢東、劉少奇、呉玉章、鄧小平

習仲勲

真剣に1951年の第一次全国宣伝工作会議後の3年間の経験を総括し、マルクス・レーニン主義の社会主義思想をもって全党と人民大衆を教育し、全党と全国人民が党の総路線を実現し、国家建設の第一次5か年計画を完成させるために闘う宣伝工作の重要任務を確定、『新聞工作を改良推進するための決議』と『党の農村における宣伝工作を強化する指示』を通過させた。

毛沢東は習仲勲に文教工作をしっかりやるよう励まし、第一次5か年計画をしっかりやるために文教に20億石の粟を投資すると言い含めた。

1953年から我が国は第一次5か年計画を施行し、大規模な経済建設に着手した。習仲勲は文教委副主任兼文教委党組幹事会書記として、副総理で文教委主任の郭沫若に協力して文化部（部長は沈雁冰）、教育部（部長は馬叙倫）、高教部（部長は楊秀峰）、衛生部（部長は李徳全）、出版総署（署長は胡愈之）と文字改革委員会（主任は呉玉章）らの仕事を指導した。大規模な経済建設の必要に適応するため、さらに一歩文教工作の基本的思路を整理し、調査研究したうえで、習仲勲は第1回全国大区文教委主任会議の開催を提案し、中央の支持を獲得した。

会議は1953年1月13日から21日まで開かれた。習仲勲が提案した「整頓し堅固にし、重点的に発展させ、質を高め、確実に前進する」という基本方針は中央の肯定と会議に参加した同志たちの賛成を得て、解放初期の文教工作を実践の中で力強く指導した。

建設ブームが湧き上がるにつれて、盲目的でがむしゃらな官僚主義作風が文教戦線でも突出してきた。農村の文盲撲滅運動は40人を一班に編成し、250から300時間で目標達成を目指したが、ニセ編成やニセ卒業が至るところで出現した。大学は4年でソ連の5年制の課程を修了させようとして、週の授業数を多いときは70から90授業にしたが、通訳は追いつかず、教授も手に余り、学生は耐えられなかった。

　1953年3月2日、習仲勲は中共中央と毛沢東に5つの意見を提出した。一、反官僚主義と各項目の実際の仕事を結合させ、穏やかな小雨方式に換え、暴風豪雨方式はやめること。二、官僚主義の実態を正確に認識し、分析して、具体的な事柄や人に関しての問題を把握し、実態に沿った解決方法を採り、やたらとレッテルを貼ることをやめること。あるいは、眉もひげもいっしょくたにつかむのをやめること。三、重点を党内に置き、党外人士は聞く聞かないは自由、通達を学習しさえすれば彼らを組織して反省を迫ることはしない。四、官僚主義に反対する一方で実際に即した大衆と連絡を取り合う工作作風を提唱する。五、力を結集して官僚主義に反対し、やたらとスローガンを掲げたり、解決すべき問題を提案したりしないこと。

　毛沢東は3日、即座に中共中央と中央軍委の各部門、中央人民政府各党組に指示を出した。「習仲勲同志の報告はすばらしいので、諸君に配布して官僚主義に反対する闘争の参考にされたし。」

　3月13日、習仲勲は中宣部副部長、文化部副部長兼党組書記周揚の招きに応じ、第一届映画芸術工作会議で2時間以上の長きにわたる報告を行った。芸術工作の指導は単純で粗暴な方法で行ってはならず、すべての作品に1つの基準を押しつけとはならないこと、作家に一気呵成を求めないこと、工場に製品加工や注文をするように納期を守らせるのとは違うと言い、柳青が創作した『創業史』と『銅墻と鉄壁』を例にとって説明をした。この報告は文学芸術工作者の間で大きな反響を呼び、新中国の文芸創作に積極的な影響を生んだ。

24

国務院の"大番頭"

　1953年9月、習仲勲は李維漢に代わり政務院秘書長になった。1954年9月、政務院は国務院と名称を変え、習仲勲は引き続き秘書長を務めた。秘書長在任中（1959年4月、国務院副総理兼秘書長に任命された）は周恩来総理と10年近く共に働き、周恩来のそのころの最も有力な助手の1人であり、国務院の"大番頭"と呼ばれた。初め、周恩来は習仲勲の執務室を中南海の西花庁に置いた。周恩来は徹夜で仕事をするので夜遅くまで

1953年9月18日、中央人民政府委員会第二十八次会議は習仲勲を政務院秘書長に任命

24 国務院の"大番頭"

1959年3月19日から25日、中共中央副主席、中華人民副主席の朱徳（前列左2人目）に同行してハンガリーを訪問

習仲勲の生涯―改革開放の立役者

1959年夏、周恩来（右3人目）に同行して、北京密雲ダム工事現場を視察

仕事をしなければならず、睡眠時間は非常に貴重だった。習仲勲が担当する仕事は具体的事務が主で、早起きの習慣があり、会議やら人が指示を仰ぎに来た。周恩来の睡眠の邪魔にならないよう、習仲勲は自分から西花庁を出て、条件が少し劣る国務院機関で数名の副秘書長と同じ建物で仕事することにした。

　仕事の分担に従って、習仲勲は総理と副総理の仕事以外のその他の12の国務院直属の機関を担当した。1954年10月31日、第二次国務院全体会議で周恩来は大事なことは国務院全体会議と常務会議に集中させ、いくつかのことは自分と陳雲、陳毅、習仲勲のところに集中させた。翌年5月10日、周恩来は国務院報告会議を開き、各管轄の国務院直属機構で決まった通りに仕事するのではなく、習仲勲が責任をもって管理することにした。総合的な事務は習仲勲が分担の範囲に応じて周恩来に送るか、直接各主管部門に送って解決した。

　秘書長処は国務院機関の中枢位置にあった。習仲勲は周恩来の要求と国務院機関の仕事の実際に即して、国家機関活動の規章制度を制定し、機関が効率よく動くようにした。1954年11月16日、習仲勲は国務院第一次秘書長会議を主催し、国務院機関執務制度を通過させ、毎週金曜日に秘書長執務会議を開くことにした。執務室には総理、副総理、秘書長の電報や文書の送信受け取り、伝達、書式化、印刷などの事務があった。

　1954年から1956年の初めにかけて、習仲勲は35回の秘書長会議を開き、国務院秘書庁、機関事務管理局、外国専家局、法制局、檔案局、広播局、人事局、宗教事務局、計量局、測定局、参事室、文史館、機要交通局、対外文化連絡局、文字改革委員会事務室、編制給料委員会事務室、出国労働者管理局などの10余りの職場の職能範囲、機構編制、幹部配置、工作計画、検査と総括などに実務的な規定を作り、各規章制度を設定し、国務院機関の日常の業務が滞りなく効率よく行われるようにした。

　中国の建国10周年を迎えるにあたり、国は首都の大建築を計画した。1958年、関係部門は国務院執務ビルの建築もその中に入れ、府右街を候

補地に選んだ。周恩来は習仲勲の意見を聞いた。習仲勲は言った。「人民大会堂は人民の代表が国の大事を討論する場所です。建設の必要があります。中南海はかつて袁世凱や段祺瑞も執務した場所です。少し手を入れれば使えます。国務院執務ビルを建てる必要はありません。ビルを建てるとなると、大勢の民家を移転させなければなりません。」周恩来は「君の言うとおりだ。私もそう思う」と言い、自分の任期中は国務院執務ビルは建てないと宣言した。

このころの習仲勲は非常に忙しく、会議活動の用意から出国代表団の名簿のチェック、部門体制の設置、国民経済計画の制定、外事活動など、習仲勲の指導と参画が必要ないものはなかった。そして、機関のスタッフの生活もまた習仲勲の担当だった。3年間の食糧不足の期間、習仲勲は機関の事務管理局を北京郊外の荒れ地に設定し、各部委員会の生産農場とした。各部委員会の機関は荒れ地を耕し、家畜を飼育し、機関の生活を改善し、幹部職員たちの好評を得た。自営農場はあっという間に中央各部委員会、

1959年8月27日から9月11日、国務院副総理としてソ連とチェコスロバキアを訪問

1960年6月、中央国家機関幹部と北京郊外の紅星人民公社で

各省や市の機関に広まっていった。のちに、習仲勲はその方法が場所によっては農民との土地争いに発展し、農民の利益を損なうと知り、また中央にその臨時的措置の中止を申し出た。

25

周総理の "内交部長"

　周恩来総理の助手として働いた10年近く、習仲勲は精力のほとんどを統一戦線の仕事に注いだ。習仲勲が初めて国務院に来たとき、周恩来が彼に外交部長を兼任させようとしたところ、思いがけず習仲勲の拒否に遭い、なかば冗談交じりにこう言われた。「どうしてもと仰るのなら、私の党籍を解除してくださってもかまいません。」習仲勲は心から周恩来に言った。「外交部長はできませんが、あなたの内交部長として統戦の仕事をしっかりやりたいと思います。」周恩来は習仲勲が統一戦線方面の仕事の経験が豊富なこと、特に民族と宗教の方面に深い理解と見識があるのをよく知っていたので、習仲勲に民主人士との連絡をさせ、その仕事を多くやらせた。

　抗日戦争の時期、習仲勲は綏徳で食卓の話題としてこんな統一戦線の妙案を語ったことがある。ある日、数名の統一戦線工作担当の幹部と一緒に食事をしていたとき、習仲勲は『三国演義』の物語を借りて統一戦線の道理を語ったことがあった。諸葛孔明は関羽が曹操を逃がすのを知ってて関羽に華容道を断ちに行かせたのは、まさに統一戦線の問題だと。なぜなら、曹操を殺せば呉は実力のない蜀を攻め落とすに違いないからだ。さらに言った。劉備の失敗は派閥主義で義兄弟の契りだけを信じたことで、最後は蜀に大将がいなくなり、廖化を先鋒にする羽目になった、と。

　習仲勲は、党内でも早くから少数民族問題と宗教問題を研究した指導者の1人だった。西北解放の前に、すでに少数民族地域の組織の建設と政権建設の問題の研究を始めている。

　西北を経略したのは習仲勲の最大の貢献の1つで、それは複雑に錯綜し

た民族問題をうまく処理し、千年来実現しなかった民族の大団結を実現させたからである。

　甘粛省、青海省、新疆が交わるアルジン山脈の麓には、カザフ族、チベット族、モンゴル族などの多くの少数民族が暮らしている。歴史的原因で、草原では長い間大規模な衝突、ひいては戦争が起こってきた。状況をよく調査すると、習仲勲は甘粛省に民族と人口の分布状況に応じて、アクサイにカザフ族民族自治県を設置することで長いこと続いた民族紛争を解決し、カザフ族の人々がこの美しい土地で平和に住めるよう提案した。1954年、甘粛省にただ1つのカザフ族を主体とした少数民族自治県が誕生した。1958年に西北に視察に行ったとき、習仲勲はわざわざ蘭州から出発して、はるか遠くのアクサイに出かけていき、カザフ族の同胞を慰問した。時の県長サハトラは感動して熱い涙をこぼした。

　1950年代、習仲勲は新疆などのいくつかの民族自治区設立方案の研究

1958年9月、鄧宝珊（後列右2人目）、余心清（後列右1人目）と甘粛省カザフ族自治県で

の仕事に関わった。1953年、中央は鄧小平、李維漢、ウランフ、習仲勲、ポアルハン、サイフディンらに新疆に自治区を設立する方案を研究するよう委託した。新疆は全国土面積の6分の1を占める。自治区は1つ作るのか、それとも2つか、3つか。地域や名称の問題でも意見が分かれた。習仲勲とこの問題に関わった指導者たちの努力で、ついに意見の一致を見た。新疆ウイグル自治区が1955年に成立した。

1958年に成立した寧夏回族自治区は中央が陳毅、李維漢、ウランフ、習仲勲に実施方案を研究させた。真剣かつ細やかな研究ののち、寧夏回族自治区の行政区分が最終的に確定した。

周恩来総理の"内交部長"として、習仲勲は多くの統戦政策の研究と重要問題の解決をしてきた。習仲勲は党外人士と共に仕事をすることに長け、彼らと「肝胆相照らす、栄辱を共にする」ことができた。

習仲勲と張治中とは党と党外人士交流の典型的模範例である。習仲勲は

1960年1月、陳毅（左5人目）、李維漢（右3人目）、汪鋒（左1人目）、第10世パンチェン・ラマ（右5人目）らと

張治中を非常に敬い、西北軍政委員会で共に働いたときも仕事の意見をしょっちゅう聞き、彼が管轄する分野で職権を与えて責任を負わせたばかりか、一緒に中央人民政府に会議に行き、西北に帰って来るたびに、張治中が中央の重要な決定や精神を伝えるのだった。張治中が離れるたび、または西安に戻るたび、習仲勛は空港または駅に見送りに行った。当時、張治中は報告または文章を発表するときに蒋介石に話が及ぶと、必ず"さん"をつけた。あるとき、『群衆日報』担当の同志が新聞の見本刷を手に習仲勛にどの部分を修正すべきか聞くと、習仲勛ははっきりと言った。「張治中さんの意志を尊重して、一字も改めることはない」と。北京に行ってからも、張治中が党と政府に何か提案をするときはいつも習仲勛に相談した。

傅作義と習仲勛も互いに尊敬し、親しく往来した。毎年初夏になり、傅

1952年春、張治中（右3人目）、張治中夫人洪希厚（右1人目）、賈拓夫（左2人目）、楊明軒（左1人目）、張稼夫（左5人目）、王亦侠（左3人目）らと陝西省始皇帝陵で。胸に斉橋橋を抱いている

習仲勲の生涯―改革開放の立役者

1987年7月29日から8月5日、ウランフと中央代表団を率いて内モンゴル自治区成立40周年式典活動に参加

作義の家の桃が熟すと必ず一籠習仲勲の家に届けて来た。週末になると、習仲勲は子どもを連れて傅作義の家に行き、習仲勲の娘の斉橋橋は今も傅作義の家で遊んだ楽しい日々を覚えている。1957年、傅作義が心臓病の発作で入院すると習仲勲は何度も見舞いに行き、絶対に気分を落ち着かせるよう、治療が第一で水利部の仕事は当分おいといていいと言った。水利部の同志が国務院に報告に来ると、習仲勲は傅作義の具合を聞いた。1962年初め、習仲勲は周恩来に報告して、傅作義と家族を広東従化に療養に行かせた。

鄧宝珊将軍は中国共産党の忠実な友人である。習仲勲と知り合ったのは抗日戦争期の綏徳で、2人は忌憚なく付き合い、互いに誠実に相対した。1956年、中南海の豊沢園で、鄧宝珊は毛沢東に習仲勲を評してこう言った。「この同志は度量が大きく、人を団結させることができ、重責を担うことができる」と。毛沢東も大いに賛同して言った。「その通りだ。この同志の最大の特徴は各方面の人をまとめることができる点だ。胸襟が広く、重責を任せられる」と。

ずっとあとになって、習仲勲がいわゆる小説『劉志丹』事件で隔離審査されていた期間、鄧宝珊も張治中も毛沢東の前で少しもひるまず習仲勲をかばった。

習仲勲とウランフは延安で知り合った。習仲勲はウランフが内モンゴル自治区設立のため貢献したことを非常に尊敬していた。1961年の春節前夜、ウランフは習仲勲夫婦をフフホトに招待して共に春節を過ごした。1980年代初め、2人は再び統一戦線工作と民族工作を共に担当している。

1987年7月と8月、ウランフと習仲勲は正副団長として中央代表団を率いて、内モンゴル設立40周年祝賀の一連の活動に参加した。中央が習仲勲を団長に決定すると、習仲勲は中央にウランフを団長にすべきだと提案したのだった。

新疆平和起義の際、迪化（今のウルムチ）市長だった屈武と習仲勲は共に陝西人で、2人は会うと陝西方言で話し2人の友情は生涯続いた。ある

習仲勲の生涯—改革開放の立役者

モンゴルの民族衣装を着て

1959年、汪鋒（右4人目）、王炳南（右1人目）、屈武（右5人目）、余心清（左4人目）らと

とき、顔を合わせると屈武はいきなり言った。「お宅は敷居が高いな。」屈武が用事があり習仲勲を家に訪ねると、入り口で新しく来た戦士に咎められたのだった。習仲勲はすぐに詫びた。ずっとあとになって、習仲勲は「霜葉は2月の花より紅なり」と題して『屈武文選』の序を書き、この革命の老人の愛国心を称えた。

　余心清は愛国将軍馮玉祥の幕僚で長年の部下であり、政務院の典礼局局長、国務院副秘書長を務め、開国大典など多くの重要な式典の設定と準備を担当し、習仲勲とも長く仕事を共にした。反右派闘争では周恩来と習仲勲に保護されていたので、右派には認定されなかったが気持ちは非常に鬱屈していた。1958年秋、習仲勲は西北に視察に行ったとき、同じ民主人士の鄧宝珊と余心清を同行させて道中話すことで彼の気持ちを楽にさせようとした。文革中、余心清は屈辱に耐えきれず自殺した。習仲勲は痛惜の

念に耐えず言った。「余殿はずっと党と共に歩んでこられたインテリで、率直なまっすぐな人だった。士は殺されようとも辱めには耐えられず、と言う。侮辱に耐えられなかったのだろう。北京にいればよく話して聞かせ思い留めることができたかもしれないのに。」

著名な社会活動家で教育家の張奚若と習仲勛は同郷の誼で何も話さないことはない友人だった。1957年、物言いが率直なことで有名な張奚若は、忌憚なく毛沢東は「良ければ大喜びし、功を焦りすぎ、過去を蔑視し、将来をむやみと信じる」と批判した。反右派闘争のときは多くの人が彼のことを心配したが、奇跡的に右派とは認定されなかった。周恩来と習仲勛がかばったのである。習仲勛は感慨深く回想した。「彼のところに行くと、いつも何かしら故郷の食べ物を食べさせてくれた」、「北京の牌楼を撤去し、城壁を壊すことが彼はどうしても納得いかなくて、周総理が私に説得を申しつけたので、私も西安の城壁を残せたことで良しとしなければと言うしかなかった。」

著名な民主人士の陳叔通は習仲勛より37歳年長だが、意見交換のため

1962年2月18日、中国仏教協会会長シラオジャツォ（右2人目）、副会長趙朴初（右1人目）と。

によく習仲勲の家を訪れた。習仲勲は感激して言った。「陳先生、わざわざ私の家に足を運ばれることはありません。ご用があれば、呼んでくだされば私がうかがいます。」だが、陳叔通は何か話があると習仲勲を訪ねた。それも、しょっちゅう。

　チベット仏教界の大師であるシラオジャツオと習仲勲も忘年の交わりであった。シラオジャツオが生涯にわたり敬服していた人物はそう多くない。習仲勲はその数少ない１人だった。項謙を説得する過程で、習仲勲は四度シラオジャツオを訪ねてクンラ部落に説得に行くよう頼んでいる。シラオジャツオも何か問題に遭遇すると習仲勲を直接訪ねて相談している。習仲勲はいつも忍耐強く意見に耳を傾け、具体的な困難を解決するのを助け、シラオジャツオを共産党が畏敬する友だと賞賛した。

　黄正清は第５世ジアムシアン生き仏の兄で、甘南夏河地区のチベット軍司令を務め、抗日戦争期間は国民党に少将保安司令に任命され、国民党中

1997年１月25日、深圳迎賓館で黄正清と

1958年11月、(前列右から) 梅蘭芳、田漢、尚小雲と陝西戯曲研究院の青年俳優たちと

央補欠委員にも当選している。1949年、蘭州解放前夜、黄正清は部隊を率いて反乱を起こし、蘭州で習仲勲と会うと前から知っていたような親しみを感じ、習仲勲をチベット族の理想とする親族とみなした。習仲勲も黄正清を深く理解し、信頼した。1953年春、台湾当局が黄正清に中将の委任状を空中投下し、馬歩芳の残党部隊が臨夏で起こした反乱に参画するよう策動した。習仲勲の黄正清に対する信頼は変わらず、黄正清を匪賊討伐の総指揮部副指令に任命した。黄正清が西安を発って前線に赴く際、習仲勲は賀龍に贈られた貴重な小銃を黄正清に贈って言った。「共に働いて何年にもなる。あなたのことはよく理解しているし、信じている。これからもいつでも挨拶に来てくれ。ほかの者が何と言おうと我々の間で遠慮はいらない。」黄正清は習仲勲の期待を裏切らず、甘粛省軍区部隊を指揮してすぐに反乱を平定した。黄正清は1950年に甘南チベット族自治州州長に任命され、1955年には少将の軍級を与えられ、甘南地区の民族団結と甘

25 周総理の"内交部長"

1960年春、習仲勲（2列目右2人目）と夫人の斉心（前列右3人目）、楊明軒（前列右5人目）、趙寿山（前列右2人目）、黄正清（前列右1人目）、余心清（2列目右3人目）、趙伯平（2列目右4人目）、潘自力（2列目右1人目）、王炳南（2列目右5人目）、沈雁冰（3列目右1人目）、周而復（3列目右2人目）、曹禺（3列目右3人目）、屈武（3列目右4人目）らと頤和園で

177

粛省の社会主義建設に大きな貢献を果たした。彼らの友情は歳が経っても変わることなく、"霜の色はますます濃く"なった。晩年の黄正清は自分がもう長くないと知ると、わざわざ深圳に習仲勲に会いに行った。

習仲勲は文芸工作を重視し、多くの文芸工作者と気心を許した友となった。著名な京劇俳優の梅蘭芳、尚小雲、程硯秋、荀慧生、越劇女優の袁雪芬、豫劇女優の常香玉、粤劇女優の紅線女、秦腔俳優の王天民、歌手の郭蘭英、王昆、王玉珍ならびに劇作家の曹禺、欧陽山尊らは習仲勲と深い友情を結んだ。

1956年夏、梅蘭芳は日本からの公演依頼を受けると、抗日戦争期間はひげを蓄えて日本人のために舞台に立つことを拒否したこともあり、日本訪問をためらった。習仲勲は周恩来に梅蘭芳を説得するよう頼まれ、京劇は両国の人民の懸け橋となる芸術であると励まし、芸術レベルの高い京劇代表団を組むのを手伝った。

子どもたちの遊びを参観する

1962年3月8日、国際婦人デーを祝って挙行されたパーティーで外国のゲストと。左は全国婦女聯合主席の蔡暢

　文革後、梅家は関係部門にかつて家から運び出された書画骨董を返して欲しいと要求したが、どこに行ったか八方手を尽してもわからず、200通余りの陳情の手紙も功を奏しなかった。のちに習仲勲の建議で梅蘭芳記念館が建てられ、梅蘭芳の生前のたくさんの文物書画が記念館に収蔵された。1986年10月27日、習仲勲は梅蘭芳記念館の除幕式でテープカットを行った。

　尚小雲は京劇の四大女形の1人である。自らの財産をなげうって学校を建てたことでも有名だ。1959年、習仲勲の薦めで尚小雲が居を陝西に移したときは文芸界を驚かせた。尚小雲は陝西省戯曲学校の芸術総監督と陝西省京劇院初代院長を務め、陝西の戯劇の発展に重要な貢献を果たした。自分が長年収集していた書画66点と玉器を無条件で陝西省博物館に寄付し、実際の行動で西部の文化建設を支援した。習仲勲はさらに陝西方面に尚小雲の戯曲芸術映画を撮らせた。残念なことにこの映画を尚小雲と2人

習仲勲の生涯―改革開放の立役者

2006年、斉心が家で梅蘭芳の息子の梅葆久、梅蘭芳次男梅紹武夫人の屠珍と

で観賞する前に、小説『劉志丹』事件のせいで人々の視線から姿を消してしまった。そして、16年後に習仲勲が復活したときは尚小雲はすでに亡くなっていて、この映画が一代の名優の芸術を見る唯一の手段となってしまっていた。

朝鮮戦争初期、習仲勲は常香玉の戦闘機寄付の考えを積極的に支持した。常香玉は習仲勲に手紙を書いて言った。「この光栄は党とあなたの教育と助力のおかげです。国慶節の前にあたり、心から感謝いたします。今後は一層努力して、この栄えある任務をまっとうしたいと思います。」常香玉は北京に来るたびに、習仲勲と斉心を自宅に食事に招き、自分の好物の、ほうれん草のスープとお粥を作るのだった。

習仲勲は、忙しいと夫人の斉心に自分に代わって民主人士や芸術家を訪問させた。斉心は回想する。「ご家族が助けを必要とするとき、仲勲同志が顔を出せないと私に手伝いに行かせたの。例えば苟慧生の夫人が病気になったときも、仲勲同志は私に彼に代わって見舞いに行かせたの。」

習仲勲の娘の斉橋橋は小さいころ、父親が毎日忙しく、いろいろな人と話していたのを覚えている。革命って人と話すこと？と聞くと、習仲勲は娘に言った。「革命は人を団結させる仕事だよ。」

25　周総理の〝内交部長〟

26

受勲命令を宣読する

　1955年9月27日午後、中南海懐仁堂と国務院講堂でそれぞれ人民解放軍軍人の受勲式が行われた。

　14時30分、授与式が始まった。国務院秘書長習仲勲が中華人民共和国国務院総理が人民解放軍軍人に等級を授与する命令を読み上げる。周恩来総理がそれぞれ大将、上将、中将、少将の命令状を1人ひとりに授与して

中国人民解放軍将校受勲を宣読する

いく。

　元帥の叙勲式は懐仁堂で行われた。毛沢東が自ら命令と3枚の一等勲章を朱徳、彭徳懐ら叙勲式に列席した元帥たちに授与する。

　習仲勲が中華人民共和国国務院を代表して授与命令を宣読したのは、国務院秘書長としての職務だからであるだけでなく、人民の軍隊と深い歴史的つながりがあるからである。習仲勲は17歳で兵運の仕事に就き、19歳で両当クーデターの発動を指導し、西北紅軍の創設に参画した陝甘辺区革命根拠地の主要創建者と指導者の1人であった。

　陝甘辺区革命根拠地を創建する過程においては、習仲勲は自ら陝甘辺遊撃隊第1、第3、第5、第7、第9、第11などの支隊と安塞、合水、保安、中宜、平子などの遊撃隊を創建して、大小数十の戦いを経験し、何度も重傷を負っている。力を尽して回復した紅軍の主力すなわち陝甘辺区紅軍臨時総指揮部とそれを基礎に建てられた紅26軍はまさに人民解放軍歩兵十一師団の前身であった。

26 受勲命令を宣読する

1980年、兵士たちと歓談。左4人目は広州軍区司令員呉克華

183

1983年12月、全国警衛工作会議代表に接見する

　習仲勲は土地革命戦争時期に渭北遊撃隊第二支隊指導員と第一支隊政治委員、中共陝甘辺区特別委員軍委書記、陝甘辺区遊撃隊総指揮部政治委員、第二路遊撃隊総指揮部隊委員会書記を歴任し、抗日戦争期には関中保安司令部政治委員、綏徳警備司令部政治委員、爺台山反撃戦臨時指揮部政治委員、陝甘寧晋綏聯防軍代表政治委員を歴任、解放戦争期は西北野戦軍副政治委員および第一野戦軍副政治委員、陝甘寧晋綏聯防軍政治委員および聯防軍区政治委員、第一野戦軍暨西北軍区政治委員と豊富な軍事経験の中で一歩一歩成長して、我が軍の卓越した思想政治指導者と優秀な指導員になったのである。陝甘遊撃隊の創建と整頓にあたり、西北紅軍の主力を回復重建し、反摩擦闘争では陝北に転戦し、大西北解放という偉大かつ歴史的な前進においては要となる歴史的な役割を果たした。

解放戦争期には習仲勲は張宗遜、王世泰、彭徳懐、賀龍らと共に千軍万馬を指揮し、陝北を転戦し、毛主席を保衛し、党中央を保衛し、延安を取り戻し、西安、蘭州を解放し、新疆に進軍して多くの勝利をあげて弱きをもって強きに勝つという輝かしい戦績を上げた。

　新中国成立後、我が軍の第1回の軍功評定工作では、習仲勲や鄧小平、鄧子恢、張鼎丞、譚震林など革命戦争で卓越した戦功のあった指導者たちはそのときはすでに軍隊の任務に就いていなかったため、受勲の評定の仕事には携わらなかった。だが、歴史は再び習仲勲にこの栄えある任務を与え、中華人民共和国国務院を代表して中国人民解放軍の将軍たちの受勲命令を宣読したのである。

　2013年10月、習仲勲生誕百周年にあたり、その波乱万丈の革命生涯を反映したドキュメンタリーが放映された。人々はこれまで見たことのないカラーの歴史映像を、驚きをもって見つめた。それは同映画の総監督夏蒙が58年間眠っていた中央新影資料素材の中から見つけてきた貴重な映像で、人々は半世紀以上も経って初めて習仲勲の当時の勇姿と輝かしい瞬間を目に収めたのだった。

27

国務院に陳情制度を設ける

　習仲勲は労働者人民としての本質を保ち続け、人民大衆の陳情を重視し、これは党と政府が人々の声に耳を傾けることだとし、大衆とのつながりを密接にしようとした。

　1954年、周恩来総理の指導の下、習仲勲が具体的な責任を負い、国務院陳情室を設立、人民大衆の苦情処理を受け持った。これにより、苦情処理の仕事は軌道に乗って、さらに一歩進んで国務院陳情制度を設けた。

　かつて国務院陳情室主任を務めた馬永順は語る。「習仲勲は広大な人民大衆が陳情を通じて意見を反映することを非常に重視した。私たちが習仲勲に重要な手紙の『摘報』や陳情の『接見報告』や総合的な報告などを送ると、それを関係部門や省や市に処理するよう指示したり、私たちに具体的に処理を指示した。大衆の問題を決して小さなこととしたり、放置したりしなかった。」

　習仲勲はどんなに仕事が忙しくても時間を作って、重要な苦情を処理したり、話を聞いたりした。1954年12月30日、習仲勲は西北地区の人民が農村の問題について陳情すると、毛沢東、周恩来にそれについての報告を書いた。報告を起草する際、習仲勲は秘書に人民が陳情した本当の事例と言葉を書き入れさせた。報告を受け取ると、習仲勲は思わず眉をひそめて聞いた。「なぜ大衆の食用油の不足に対する不満の実態を書かない?」秘書が困って答えた。「事例の中には荒っぽい言葉もあるので、いちいち取り上げなくてもよいのではないですか?」だが、習仲勲はありのままを毛主席に伝えることを求めた。農民の中に「食用油がこんなに高いなんて、

蒋介石を思い出す」と書いた者がいたのだった。もう一つは農民が木の荷車で荷を運んでいたところ、車軸が潤滑油がなくてギシギシ鳴ったので腹を立てて大声で「人間様だって食べる油がないんだ！」と言うと、車に小便をかけたという。この報告は中央に重視され、毛沢東、周恩来自ら関係部門に報告書を転送した。

習仲勛の気持ちは常に大衆と共にあった。金がなくて貯蓄義務を果たせないと幹部の前でひざまづいて泣いたり、国債を買う力がないと井戸に身を投げる状況があった。それを

国務院副総理兼秘書長時代

知ると机を叩いて立ち上がり、憤って言った。「我々共産党の幹部が大衆と対立する立場に立つなら、大衆に鞭打たれるぞ。」

1957年5月31日、習仲勛の建議で第1回全国陳情工作会議が開かれた。会議は中共中央弁公庁と国務院秘書庁の合同で開催された。習仲勛は中央機関から地方までを厳粛に批判し、幹部の中には陳情工作を重視しない者がおり、官僚主義の傾向が甚だしく、陳情書をただ形だけ写して回し、きちんと対応せず、杜撰な取り扱いをする現象があり、その原因は幹部の思想意識に変化が生じていて大衆から離れて大衆の観点が弱まり、大衆が生活の苦しさを訴えても関心が薄くなっているせいであるとした。習仲勛は例を挙げて言った。国家測定局が西安に建物を建てるのに、トラクターで4ヘクタールものもうすぐ実る麦畑を掘り起こしてしまった。こうしたやり方に庶民は非常に憤り、「共産党というのはどういう党なんだ」と罵ったほどだ。陳情に反映されるのは人民内部の矛盾であり、陳情を解決するのは小さなことではなく大きなことで、ただの仕事ではなく重要な政治任

務だ、というのが習仲勲の考えだった。

　陳情を正しく処理するために習仲勲は6つの要求をした。

　1つ、各省、市、自治区の党政指導は必ず陳情担当の部署を設ける。2つ、問題は主導的に処理し受け身にならぬこと。3つ、専門職機構を実行し全員で手を動かし結合し、機関幹部の責任者が余暇の時間を活用してことに当たること。4つ、陳情された問題の性質に応じて、それぞれ中央または地方の各レベル機関で責任もって処理し、形だけやることを避けること。5つ、積案を整理し、幹部を抽出してまだ他へ回していない案件とすでに他に回したが、まだ解決していない案件をすぐに当たらせる。6つ、幹部

1950年代、中南海で

1958年、国務院での会議でのスピーチ

の管理権限により関係する幹部を処理すること。

　この6つの意見は国務院陳情制度の基本法則になり、陳情工作の制度化と規範化の建設を大いに促進し、今日になるまで現実的な意義を備えている。

28

大躍進ブームの中でも冷静

　1958年5月、中共八大二次会議は「意欲満々で先陣を切り、できるだけ速く社会主義建設を」の総路線を通過させた。それに従い大躍進運動がブームとなり、高すぎる目標設定とめちゃくちゃな指揮、褒めそやしや共産主義風を吹かすことが盛んになった。

　その前の4月下旬、習仲勲と彭徳懐は周恩来に随行して河南に農工業生産の実際の状況を調査研究に出かけた。大躍進運動の高まりの中で周恩来の委託を受け、習仲勲は前後2回人を引き連れて基層研究に行き、すぐに

1958年4月、彭徳懐（左1人目）と鄭州郊外を視察する

党中央と国務院に実際の状況とそこに存在する問題について、中央が左への偏りを矯正し困難を克服すべく重要なデータを提供した。

　最初は1958年9月と10月に調査団を連れて西北五省に視察に出かけたときのことである。大衆が貧困後進を改革しようとする情熱を目にすると共に、大躍進運動に存在する深刻な問題を目の当たりにした。陝西礼泉県では土地すべてに小粒の土が敷きつめられていた。「これは何だね」と聞くと、北京の科学者の"発明"で、新しい農作物の栽培方法で太陽の反射で土地面積を増大させ、生産量を高めるのだと言う。習仲勲はしゃがむと土を掘り起こして、稲の苗が異様に細いのを見て、眉を寄せて言った。「太陽はあっても土と肥料には限りがある。これでどうして増産するんだね」と。

　甘粛省が大躍進ブームの最中に行った「洮河（とうが）を山に引く」工事にも憂慮を示した。工事計画は洮河の水を隴南の岷県から隴東の慶陽まで全長

1958年9月5日、陝西省西蒲城県で国務院機関の下放幹部と学生たちにスピーチをする

1958年9月6日から7日、故郷の富平県に帰り県機関幹部と記念撮影

1958年9月7日、富平県淡村で

習仲勲の生涯―改革開放の立役者

1958年9月、敦煌莫高窟で甘粛省省長鄧宝珊（右1人目）、国務院副秘書長余心清（右3人目）と

1000キロ以上も引くというものだった。当時、甘粛省の指導者たちは旱魃地を灌漑地にして高低の落差を利用して発電を行い、世界一の山上の運河を建設して山に船を走らせようとしていた。習仲勛は数万の民が鍬を手に山を掘り、トロッコを推して石を運び、唯一の先進的な工具が鉄の滑車という現状で、昼も夜も働きながら効率は低下している状況を目の当たりにした。労働力は工事現場に集約され、農業生産はすでに著しい影響を受け、豊年なのに豊作にならず、さらに危惧されたのは甘粛省が穀物を15億キロ増産したと虚偽の報告をしていることだった。習仲勛は省委の責任

者の同志に面と向かって言った。「これではダメだ。あとで泣きを見るのは民衆だぞ。」

　甘粛省敦煌県が推進中の「衣食住、出生老人病死、託児所入学」の全項目を請け負う供給制にも明らかな疑問を提示したが、省委の責任者たちは自分たちの意見に固執し、互いの間で不愉快な言い争いも起こった。青海でも寧夏でも習仲勲は似たような現象を目にした。

　習仲勲は昔からの友人の甘粛省省長鄧宝珊と膝を交えて話し合った。鄧宝珊はたくさんの問題点を挙げ、農民が物乞いまでし始めているとし、盲目的に発動された「洮河を山に引く」工事にきわめて強い憂慮を示した。習仲勲は互いをよく知る鄧宝珊を励まして言った。「君が直接主席に話しに行っていいんだよ。」

1958年10月、寧夏回族自治区を視察する

1958年10月、寧夏石嘴山を視察し、炭鉱労働者たちと

　西北への旅は習仲勲に大躍進運動のやり方に疑問を抱かせた。北京に戻り、11月6日に、習仲勲は周恩来総理と中共中央に報告した。「目下のところ、各級党委の主要な力は鋼鉄精錬に向けられていて、新しい生産計画をどう制定するのか、来年の農業生産が今年の倍になることをどう確保するのかは大きな問題です。この問題は時間との勝負です。少しでも遅れれば、来年の農業生産は大きな影響を受けるでしょう。」鋼鉄精錬について話が及ぶと言った。「鋼鉄精錬運動がある程度進んだら、鉄鋼工業は専門化すべきです。1つの省、あるいは専門区は鉱山、炭鉱、水などの条件の良い場所を選んで、鋼鉄基地、工業基地とすべきです。小さな土の炉は洋炉にして、鋼鉄業はほかの工業の発展につなげていくべきです。そうすれば労働力の無駄もなくなり、技術や質や労働効率を高め、大工業の予備軍を養成できます。」

　1958年11月から12月にかけて、習仲勲は武昌で中央政治局拡大会議と八届六中大会に参加した。「人民公社の若干の問題に関する決議」を討

論したとき、西北の視察に基づいて習仲勲は発言して言った。「人民公社のいわゆる"一大二公"、最大最公と言っても、1県に1社とはいかないし、すべてを請け負い供給することもできないし、集団所有制を全国民所有制にもできない。ましてや、社会主義を一気に共産主義にはできない。最大最公は、分配が必要なところに分配する方法を労働に応じて分配するというわけにはいかない。」

事実が習仲勲の心配を証明した。翌年、春になっても作物は芽が出ず、甘粛省は作物が不作となり餓死者が出る事態となった。周恩来の指示で習仲勲はすぐに食糧部、内務部、鉄道部、交通部の責任者を集めて会議し、陝西、寧夏、四川に緊急の食物支援を要請した。

1959年4月中旬から下旬、習仲勲は周恩来の許可を得て、国務院の名義で災害の深刻な11の省の政府責任者を北京に呼んで会議をした。馬永順はふり返って言う。「会議にあたり各省が報告したが、報告はいろいろで意見が一致しなかった。ほとんどの省は確かにその問題が存在するとし、

1959年5月、河南省安陽市委幹部たちと

1959年5月、河南省焦作の鋼鉄生産を視察

むくみや死人が出ているとし、報告だけで丸1日かかった。散会のときに習仲勲がすぐに簡単な報告を書くように言い、夜を継いで書き、書き上げると習仲勲はそれを総理に渡し、総理もすぐにそれを毛主席に見せ、飛行機でいくつもの省に送った。以来、総理は私たちに10日に一度報告を書かせ、習仲勲も私たちに何かあればすぐに反映させ、しょっちゅう総括をするよう、厳しく求めた。あのとき、指導者たちが少しでも気を抜けば死者はもっと増えていたと思う。」

　同月、第二届全国人民代表大会第一次会議で習仲勲は国務院副総理兼秘書長に任命された。

　1か月後、日増しに深刻になる問題に習仲勲は調査隊を連れて豫陝の両省に向かった。5月下旬、河南省で鉄生産の質と量の問題を重視した。6月初め、河南から陝西に行き、周至、蘆県、銅川、臨潼、渭南などの県の工作を検査し、農村の状況を詳細に理解して、陝西省委の指導者と二度に

わたって座談会を開き、局長以上の幹部に報告をさせ、民主人士との座談会を開いた。これは習仲勲が行った二度目の大躍進についての調査研究である。

北京に戻ると、習仲勲はすぐさま秘書庁に命じて調査の結果を大衆からの陳情と結合させて整理させ、問題が主にいくつかの点に集中していることを見つけた。人民公社の条件が不十分なのにやり方が急速過ぎたこと。食べるのに金は要らぬというのは労働の分配の原則に符合しないこと。全民で鋼鉄生産をというスローガンには誤りがあり、政治的にも経済的にも清算が必要なこと。"5つの並挙"は"一気呵成"となり、"2本足で歩く"はずが"たくさんの足で歩く"ことになっている。

7月2日から8月16日、江西省廬山で中央政治局拡大会議と八届八中全会が相次いで開かれ、歴史上廬山会議と呼ばれた。習仲勲は秘書庁に命じて整理した材料を周恩来に提出させ、さらに毛沢東に転送すると、大会のレジュメとして印刷して配布した。ところが、思いがけないことにもと

1959年5月、河南省安陽で

28 大躍進ブームの中でも冷静

1960年5月4日、瀋陽での中捷友誼工場命名式で

もとは全党挙げて"左"傾を矯正すべきとしていた会議が、彭徳懐の毛沢東に宛てた1通の手紙のせいで矛先が変わり、会議の後半は彭徳懐を中心とする反党集団批判に議事が集中してしまい、習仲勲は重苦しい気分になった。

　大躍進ブームの中で習仲勲は、一貫して庶民の生活の実態を気にかけていた。まさにこの年の6月、甘粛省の民衆が次々と手紙を寄越して、食糧不足を訴えていた。26日、馬永順が1通の人民の手紙と"食べ物"を習仲勲に届けて来た。習仲勲は手紙を読み、送られてきた物を割って口に放り込むと言った。「これが人の食べ物か。」翌日早く2人の幹部を甘粛省の実態調査に派遣した。

　「農業六十条」を貫徹し、大躍進がもたらした浮ついた風潮を改めるため、1961年4月上旬、習仲勲は中央の統一部署に従い、河南長葛県に実地調査に入った。4月23日、5月9日の2回、中共中央総書記鄧小平と中共中央に書面での詳細な報告を行った。習仲勲は特に説明した。「目下の状況

1961年4月から5月、中央調査組を連れて河南省長葛県へ

河南省長葛県でのメモ

から見て、食堂はこれ以上続けるのでなく、穀物を戸に分配することが、より早く農村の困難な局面を打開する有効な措置と思われます。」

　長葛県は生産力倍増で毛沢東に褒められ、浮ついた風潮が当たり前となり、県城は北京の長安街を、講堂は人民大会堂を模して建てられる一方で、人民はさつまいもと野菜と木の葉でしのいでいた。習仲勲は県委拡大会議で厳しく非難した。「このような土木工事は必要ない。旧県城に県の機関は住めないとでも言うのか。毛主席は延安にいたとき、何も建てなかったがやるべきことをし、たくさんの仕事をされたではないか。」さらにズバリと指摘した。「群衆の利益が頭になく、個人の利益だけしかない党員は資格がない！」

　習仲勲の長葛に関する２つの調査報告書は中共中央に評価され、中共中央弁公庁がわざわざ一筆書き加えて、全党に転送された。

1961年4月25日、中共河南省委員会が発布した習仲勲の長葛県と尚橋公社での調査報告

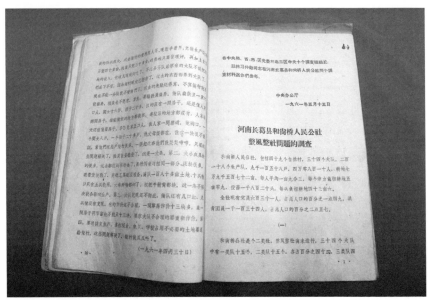

1961年5月15日、中共中央弁公庁が転送した習仲勲の河南省長葛県と尚橋公社で行った2つの調査報告

29

西安の城壁を三度補修する

　西安の城壁は明代の洪武年間に隋唐の長安の皇宮遺跡の上に拡大建築されたもので（およそ1374年から1378年にかけて）、すでに600年以上の歴史があり、目下のところ、中国また世界でも最大規模の保存が完璧な鉄兵器時代の城壁工事である。新中国成立後、文革が終わってからも習仲勲は三度にわたって、この歴史ある"回音壁"を保護して破壊を免れたほか、

西安の城壁

西安城壁の一角

特に"大躍進"の熱狂中に城壁を保護するのに決定的な役割を果たしている。

1950年に西安市は早くも城壁撤去の計画を立てていた。習仲勲は西北軍政委員会3回集団執務会議の際に、城壁を取り払ってはいけないと指摘し、特に「動かしたら最後、収拾がつかなくなる」と強調した。その後、西北軍政委員会は彭徳懐、習仲勲、張治中の名義で『城壁のレンガを取り除くことを禁止する通令』を発布し、西安の城壁が破壊を免れるようにした。

大躍進の運動中、全国で城壁撤去のブームが起こった。西安市政府も西安の城壁を撤去する報告を省政府に送り、批准された。この時期、北京の城壁、南京の城壁、開封の城壁はすでに相次いで撤去されていた。西安の城壁の突き出た部分もほとんど平らにされ、南の城壁の西側の外レンガはほとんど持ち去られていた。当時、中共陝西省共産党委員会書記だった趙伯平は習仲勲に電話をかけてきて、出てきて西安の城壁撤去をやめさせる

ように頼んだ。

　まさにそのころ、有名な考古学者で陝西省文化局副局長の武伯綸、陝西省文物管理委員会幹部の王翰章ら5人があちこち呼びかけても埒が明かないので、陝西省文物管理委員会の名で直接国務院に電報を打つことに決め、習仲勲に西安の城壁撤去に干渉してくれるように頼んできた。

　習仲勲は西安からの報告を受け取ると、すぐに国務院秘書庁に陝西省と西安市に城壁撤去を停止するよう電報を打たせ、同時に電報の批准を文化部に転送し、西安の城壁保護の方案を出すように指示した。1959年7月1日、文化部は国務院に『西安城壁保護の建議に関する建議』を提出して、こう書いた。「城壁は東西の長さ約7里、南北に約5里、1周25里、高さ3丈4尺、厚さ6丈、頂上の幅3丈、4つの門と城楼、箭楼、角楼などがあり、雄大な建築物で規模も広大な我が国に保存された最も完璧で規模の大きな封建時代の都市建築であり、封建社会の都市計画を研究し、軍事の歴史の実例であり、古代の建築工事と建築芸術を研究する重要な参考資料である。西安の城壁は、現在の都市計画においても工業建設の発展の邪魔にならないという。そこで、我が部は城壁は保存すべきであり保護すべき

西安城壁遺跡

だと考える」と。7月22日、国務院は正式に『西安の城壁を保護することに関する通知』を発布、西安の城壁保護に対して明確な態度を示した。1961年3月4日、西安の城壁は第一の全国重点文物保護の対象にリストアップされた。これにより、西安の城壁の保護に法的根拠ができた。

　それでも文革の動乱の最中は、西安の城壁は深刻な破壊を蒙った。1981年の冬に、習仲勲は西安城壁が深刻な損害を蒙ったとする内部報告を見て、すぐさま秘書に国家文物事業管理局へ電話をかけさせ、ただちに処理させた。国家文物事業管理局はその年の12月31日に『西安城壁の保護を強化するよう要請する意見』を作成、陝西省人民政府に宛てて出した。1983年2月、西安環城建設委員会が設立され、西安城壁の保護は保証されることとなった。

　中国工程院院士の張錦秋は感慨深く言う。「文革中、西安の城壁はひどく破壊され、城壁の多くの箇所が壊されました。レンガは運び去られて防空壕が造られ、大きな空洞となっているところもありました。そうした状況を習さんに報告すると、彼は再度陝西省と西安市に絶対に城壁は保護しなければならない、壊れた城壁を全面的に修復するように指示しました。西安の城壁はこのときにやっと新しく生まれ変わることができたんです。」

　1980年代末から1990年代初め、関係者は二度にわたり習仲勲に城壁の保護事業についての報告をした。習仲勲は彼らの城壁保護の仕事を励まして言った。「中国は古い文明国だ。先祖が遺したものはしっかり保存しなければならない。でなければ、外国人は中国が古い文明国だとは信じないだろう。実物がないのだから」と。習仲勲はさらに欠けたところをつなぎ合わせるよう希望し、「つなぎ合わさって初めて完全な城壁と言えるのだ、200年経っても文物となり得るのだ」と言った。

29 西安の城壁を三度補修する

1981年9月、華清池を視察する

30

秦腔と京劇

　秦腔は中国伝統劇の生きた化石と言われる。『詩経』の中の「秦風」十篇から『史記・李斯列伝』で絶賛される「甕を撃ち罐を叩き筝を弾き髀を搏つ、歌呼は嗚嗚と耳に快く、真に秦の声なり」まで、力強く勇壮かつ綿々嫋々とした独特の魅力は豪放な激情と細やかで纏綿とした情が人の心を揺さぶる。

　1942年初め、習仲勲の支持の下、関中分区に八一劇団が成立、新しい演目の創作に熱心で、部隊と民衆のために公演し、優秀な演目は延安でも

秦腔工作者と接見する

上演された。綏徳時期は習仲勲自ら綏徳文工団を指導、文工団が道具や衣装を購入するのを許可し、特別に靴下を配給して公演を保証した。文工団は縁日に駆けつけ、村々に出かけて、文化を広め経費の困難も克服して、ワンシーズンで銀貨 1000 元も稼いだほどだった。

　解放後、西北軍政委員会は伝統劇改良委員会を設立、秦腔などの戯劇芸術を推進繁栄させた。1951 年、有名な秦腔の養成学校易俗社が率先して公営の劇団となった。7 月 13 日、習仲勲は制度が変わった慶祝大会に出席した。ベテランの芸人の雷震はふり返って言う。「習仲勲ははっきりと言ったものだ。易俗社は旧社会でも進歩的な人が作ったもので、辛亥革命の産物だと。易俗社が過去に上演した芝居はどれも進歩的で、自分が革命に参加したのもその影響があったからだと言っていた。」習仲勲はスローガンに「易俗社を接収して」とあるとすぐに訂正して言った。易俗社は反動的な組織ではない、接収ではなく引き継いで、だ。

　1950 年代末から 1960 年代初めにかけて、習仲勲は北京の陝西人たちと三大秦班の北京入りを促し、戯劇界を騒がせた。これも秦腔発展の歴史的な一齣である。

　1958 年 11 月、陝西省戯劇研究院二団（青年実験団）と三団（眉碗団）と易俗社の 3 つの芸術団体が団を組んで、北京で公演をした。演目の選定、公演場所、招待客と習仲勲は細かく気を配り具体的な指示を出した。11 月 9 日の夜、習仲勲と楊明軒、汪鋒、張奚若ら陝西の同郷人たちは宴席を設けて役者スタッフをもてなした。秦腔は流派も多いため、まず何をやるかで諸説紛々だった。習仲勲は真剣にみんなの意見に耳を傾け、最初のステージは文芸界の指導者たちに見てもらう公演だから、碗碗腔『金碗釵』をやるべきだろうと言った。なぜなら、碗碗腔は影絵芝居を大舞台に載せた大胆な戯劇革新だからである。中国文聯講堂で演じられた初演は大成功を収めた。

　11 月 12 日、国務院の小講堂で演じられたのは『三滴血』で、習仲勲は周恩来、朱徳、陳毅ら中央の指導者を招いて一緒に公演を参観し、役者た

1958年11月、張治中（前列右2人目）と北京公演中の秦腔『梁秋燕』出演者たちに接見する

ちに接見した。こんなエピソードもある。12月20日に劉少奇が外地の視察から帰って来て、『三滴血』が素晴らしかったと聞いて、習仲勲に公安部講堂でこの芝居を演じさせて一緒に見たという。

　秦腔は北京で1か月余り公演し、反響は素晴らしく、三大秦班の北京入り公演は大成功を収めた。周恩来総理が席を設けて、公演団全員を招待して労った。欧陽予倩、梅蘭芳、田漢、曹禺、馬少波らがこぞって観劇評を書いて陝西の秦腔を絶賛した。

　秦腔女優の張瑞芳は感動して言う。「習仲勲同志がいなければ私たち三大秦班は北京には来れなかった。習仲勲同志は私たちを前門飯店でご馳走してくれて、一緒に写真も撮ったわ。梅蘭芳さんも一緒にね。」

　1959年秋、習仲勲の熱意で陝西省戯劇公演団は新たに改編した『遊西湖』、『三滴血』を持って再び北京公演にやって来て、13の省と市で巡演し、空前の盛況となった。これがいわゆる"三大秦班十五回江南に下る"であ

る。

　1961 年、習仲勲は今度は故郷の阿宮腔劇団を北京に呼んで公演させた。阿宮腔は古い伝統劇だが、県レベルの劇団が北京で公演するのはなかなかない機会だった。北京での 10 数ステージに習仲勲はすべて駆けつけた。公演団が北京にいる間、劇団員たちを自宅に招待し、庭に植えたブドウをふるまった。子役たちの演技を褒め称え、よく休んで声を大切にするように、故郷に帰ったら練習に励んで、数年後また公演に来るようにと励ました。

　習仲勲は秦腔の刷新を重視した。1980 年代初めに、焦った様子で陝西省委員会の指導者たちに言っている。「晋劇も豫劇も人気が出ている。秦腔は伝統劇の鼻祖だ。機会を逃してはならない。」1985 年 9 月 23 日、習仲勲が北京の国賓館で大型秦腔劇『千古一帝』のビデオを観ると、12 月 5 日には『千古一帝』が北京で公演をした。前の晩、習仲勲は地方から北京に駆け戻ると、電話で中央の関係指導者や中宣部、文化部の責任者と文芸

30 秦腔と京劇

1961 年 10 月、故郷の芝居阿宮腔の俳優たちと

界の知人を招待して鑑賞した。『千古一帝』の北京での初公演は大成功を博し、習仲勲と中央の関係指導者は全スタッフ・キャストと接見した。習仲勲は大喜びで言った。「我々の陝西の秦腔は素晴らしいだろう」と。

　習仲勲は伝統劇の革新に非常に関心があった。1986年12月、陝西省に戻り西安事変紀念活動に参加したときも指摘して言った。秦腔は改革が必要だ。改革しなければ駄目だが、改革して秦腔らしさがなくなっても駄目だ、と。

　習仲勲は京劇などその他の伝統劇も愛し、関心を持った。中宣部部長を担当している間、新中国の伝統劇改革方案に着手指導し、伝統劇事業の健やかな発展に重要な貢献を尽した。国務院秘書長のときは、しょっちゅう周恩来のお供をして各地の公演を参観し、たくさんの芸術家と深い友情を結んだ。郭沫若、田漢、夏衍、曹禺、呉祖光、欧陽予倩、陽翰笙、馬少波などの劇作家たちは新作ができると必ず習仲勲を招待し、真剣にその意見に耳を傾けた。

1961年10月、陳毅副総理と北京に公演に来た陝西省富平県の阿宮腔俳優たちを接待する

『千古一帝』のキャストと右は鄧力群

　京劇俳優の杜近芳はふり返る。1958年春、日本の松山バレエ団が中国の歌劇『白毛女』を同名のバレエ劇に改編して中国公演をして大成功を収めると、中国の京劇芸術家たちは深く啓発を受け、歌劇『白毛女』を京劇の舞台でもやることになり、李少春と杜近芳がそれぞれ大春と喜児を演じた。京劇という古い芸術形式で現代劇を演じるには多くの克服しにくい苦労がある。習仲勲は何度も周恩来総理に随行してリハーサルを見学に行き、京劇俳優たちが大胆に刷新するのを励ました。

　10年間の文革の動乱でベテラン芸術家たちは心身ともに痛めつけられた。習仲勲は中央の仕事に戻ると関係部門に何度も政策の制定の指示を出し、ベテラン芸術家たちを思いやって彼らの生活と仕事の両面にわたって困難を解決した。夏衍は晩年動きがままならなくなり、車椅子生活を強いられた。習仲勲は夏衍を訪ねて彼の家が狭く車椅子での出入りが不便だと知ると、すぐに関係部門にもう少し大きな家を手配させた。

習仲勲の生涯―改革開放の立役者

1980年1月、広州軍区部隊の文芸工作者と

1983年4月29日、北京で程硯秋夫人の果素瑛（右3人目）、程派の有名俳優王吟秋（右1人目）と

214

文化部、中国文聯、中国作家協会は 1980 年代の長きにわたって習仲勲の管轄だった。その間、全国各地のたくさんの劇団が北京で公演すると習仲勲は観劇し、中央と国務院を代表して公演した芸術家たちと接見し慰問した。中国文聯、中国作家協会、中国戯劇作家協会の任期交替にも関心を払い、自ら指導した。

　戯劇作家の馬少波は言う。「習仲勲は開明的で謙虚な指導者だった。芸術家を愛する気持ちがとても温かく、芸術界に出現したよくない現象はきちんと批判したし、時には厳しい批判もあったが決して居丈高ではなかった。同志として、友人としての批判であり、聞いて不快になるものではなかった。」習仲勲は周恩来同様、文芸工作者に最も親密な指導者で心を通わせた友人であった。

30

秦腔と京劇

31

小説『劉志丹』事件

　1962 年 8 月 24 日、北戴河中央工作会議がまもなく終わろうとするころ、ある者が小説『劉志丹』を借りて習仲勲に難癖をつけ、この小説は高崗をかばっているとして、習仲勲こそが小説『劉志丹』の第一の作者だと誣告した。9 月 8 日、八届十中全会予備会議期間に康生も小説『劉志丹』を借りて、西南組会議に「いま問題なのは、なぜこのときに高崗を宣伝するのかということだ」と提議した。習仲勲は彭徳懐批判に続く恰好の標的となり、「反党の大陰謀家、大野心家」と貶められたのだった。

　その前、習仲勲は周恩来総理の委託で、北京で全国 36 の都市の工作会議をしていた。八届十中全会予備会議に出席するときは何が起こるか、まったく知らなかった。誰かが、自分が会議で名指しで批判されると知らせてくれても、習仲勲は信じられなかった。

　「そんなことがあるはずがない。一体どういうことなのか。」

　習仲勲は中央に手紙を書いて事情を説明することにした。

　小説『劉志丹』の作者李建彤は劉志丹の弟、劉景範の妻だ。1956 年前後、李建彤は工人出版社の求めに応じて西北革命闘争史と劉志丹の革命の事跡に題材をとった小説を書くことにした。書く前に意見を求められて、習仲勲ははっきりと、厳粛で複雑な西北革命史を小説にすることには同意できないとの態度を表明していた。

　小説『劉志丹』の第三稿ができたときも習仲勲は、西北党史上の多くの問題は下手をすると意見が紛糾すると婉曲に意見を言った。西北のベテラン同志の多くは書くことを支持してやるように習仲勲に言った。習仲勲は

こう言った。「西北革命を書くことは1つの時代を書くことだ。その思想は？ 毛主席が革命の正確な思想を指導し、志丹を通して具体的に実現した。最後に残ったのが陝甘ソビエト区だ。」習仲勲は特に強調して言った。「最後は毛主席が来た。でなければ終わっていた。」

9月19日、八届十中全会予備会議は突然彭徳懐と習仲勲を誣告する長篇の資料を公布し、習仲勲に対する批判はさらに激しくなった。仕方なく、習仲勲は周恩来に休暇を願い出て八届十中全会に参加しないことにした。

9月24日、八届十中全会が開幕した。毛沢東がスピーチをしていると、康生が「小説を利用して反党活動が行われています。大変な発明です」と書いたメモを渡してきた。毛沢東はメモを読むと、言った。「小説の刊行物が人気だが、小説を利用して反党活動をするのは大変な発明だ。」続けて、こう言った。「小説を利用した反党活動は康生の発見だ。」この会議で毛沢

中南海の執務室で

東は、階級闘争は「毎年語り、毎月語り、毎日語らなければならない」と言った。全会は「彭徳懐専門案件審査委員会」と「習仲勲専門案件審査委員会」をそれぞれ設立することを決定し、康生がこの両委員会の工作の責任者になった。習仲勲の"罪状"はこうだ。

　小説『劉志丹』は党史を偽造し、陝甘辺を中国革命の中心と正統とし、毛沢東思想を劉志丹思想として書いている。小説中の羅炎、許鐘とはつまり高崗と習仲勲であり、高崗を名誉復活させ、習仲勲を褒め称えるものである。

　習仲勲はきわめて苦痛で、終日黙りこくっていた。周恩来と陳毅が中央と毛沢東に託されて話に来た。周恩来が心から言った。「党中央と毛主席は君を信頼している。君に党を代表して、たくさんの仕事をさせてきた。小説『劉志丹』のようなことが起ころうと、過ちは正せばよいではないか。我々は友人だ。万が一にも変なことは考えないように。」

1958年、息子の近平、遠平と

1958年、家族と

1960年、斉心と友人たちと

　彭徳懐は八届十中全会に出席せず、妻の浦安修に解せずに言った。「自分の問題がなぜ彼まで巻き込んだんだ。」

　習仲勲は家に閉じこもり、審査を受けた。1963年秋、"反省報告"を書き始める。斉心がふり返って言う。「仲勲は党の利益を第一に置き、この責任を負い、反省文の中に36年間の回想を書いたわ。1926年に共青団に参加してから、1962年までの36年間、わけのわからない罪名だったけど彼には大変な苦痛だった。でも、それでも彼は党を第一に考えた。子どもたちはまだ小さく、何が起こったのかわからずにいたわ。」

しばらくして、習仲勲は中央党校から遠くない西公所というところに住み、2年間余りの"学員"生活を送った。西公所は1ヘクタールに満たず、前後2つの土地があり、前の土地には建物はなく、雑然と草花が生い茂っていた。党校の学習活動には一切参加せず、門を一歩も出ることはできず、午前中は読書、午後は労働をした。
　習仲勲は家族と裏の空き地にトウモロコシやトウゴマや野菜を植え、収

斉心と末っ子の遠平と

穫のほとんどは差し出した。普段なら祝祭日には子どもたちを連れて天安
門広場に遊びに行くのが習わしだった。1964 年のメーデーが近づくころ、
下の息子の遠平が言った。「お父さん、今年も遊びに行ける？」習仲勲は
明るく答えて言った。「行くとも。今年はおまえたちに本当の労働節を過
ごさせてやろう。」習仲勲は子どもたちを連れて、畑で先を争って労働し、
にぎやかに忘れがたい 5 月 1 日の労働節を過ごした。

　ある日、妹の習雁英は西公所に見舞いに来ると、顔を合わせるなり涙を
流した。習仲勲は妹を慰めて言った。「こんなに長い間、党の教育を受け
ているのにそんな軟弱で、何かあると涙を流してどうする？どんなときで
も党の話を聞き、自分の仕事をすることだ。」習雁英はふり返って言う。「慰
めに行って、精神的負担を減らすつもりが逆に政治の授業を受けてしまっ
たわ。党に対して何の恨みもないばかりか、家族に確固たる革命への信念
と自分のすべきことをせよと教えたの。」

　習仲勲は妻に言った。「革命は役人になることじゃない。畑を耕すこと
だって革命だ。」1965 年夏、習仲勲は党中央と毛沢東に手紙を出し、自己
反省するだけでなく、こう申し出た。「自分を農村の生産隊にやり、集団
労働に参加させて毛沢東思想方式の新しい労働者に改造する機会をくださ
い。長い間、部屋に閉じこもり、実際の生活から離れていては改造できま
せん。」

　毛沢東は習仲勲に工場に鍛錬に行くように言い、「2、3 年したら、また
戻って来るように」と言った。

　中央は長い審査の結果、何も結論を出さないまま、彭徳懐と習仲勲をそ
れぞれ西南三線と洛陽鉱山機器工場に下放することに決め、2 人のかつて
西北戦場で戦った戦友は似たような罪名を負って別れて行き、二度と再び
会うことはなかった。

32

冤罪16年、二度洛陽に下放される

　1965年12月7日、習仲勲は河南の洛陽に一度目の下放に行き、洛陽鉱山機器工場副工場長になった。国務院副総理から工場の副工場長という落差は小さいとは言えなかったが、習仲勲の顔からは少しも失望はうかがえなかった。

　習仲勲は、毎日午前は第二金工現場の電気二班で働き、午後は本と新聞を読んだ。守っていた生活習慣は2つ、風呂と散歩だ。労働者と一緒に大風呂に入り、体を洗いながら四方山話をした。夕食後は近くのりんご園まで行き、群衆と畑でおしゃべりをした。

　残念ながら、そんな比較的静かで平和な日々は長くは続かなかった。歴史に類を見ない文化大革命が始まったのである。

　この急速に全国に広まった文革に対して、習仲勲は初め困惑し、理解ができず、紅衛兵の乱暴狼藉に憤った。習仲勲の髪を刈っていた理髪師の丁宏如は覚えていた。「あるとき、髪を刈っていたら造反派が国営商店のタバコと酒を持ち出して焼き払ったんですよ。習仲勲はとても怒って范秘書に、記録して総理に手紙を書いて報告しよう。何ということだと言ったので、放っておきなさい、造反派は紅衛兵ですよ、道理もへったくれもありません、と言ったんです。すると、怖いものか。国家の財産を焼き捨てるなんて、と仰いましたね。」

　1967年1月1日、雑誌『紅旗』は姚文元の「反革命両面派の周揚を評す」を掲載し、名指しで周揚と小説『劉志丹』を批判、矛先は再び習仲勲に向けられた。

洛陽で

32 冤罪16年、二度洛陽に下放される

　1月の風の強い晩、習仲勛は陝西から来た紅衛兵に強制的に西安に拘禁され、糾弾された。

　西北大学で習仲勛は自分を看守する1人の紅衛兵と信頼関係で結ばれて、北京にいる家族は西安から送られてきたハード・カバーの『毛主席語録』と手紙を1通受け取ることができた。厳しい日々の中、心温まるできごとだった。

223

ある批判大会で習仲勲は自分の師であり、友である人物とめぐりあった。陝西省の元の省長趙伯平だ。八届十中全会西北組会議で趙伯平は頑として「仲勲同志は良い同志だ」と説を曲げず、批判しなかったので巻き添えを喰ったのだった。習仲勲はすでに65歳の高齢の趙伯平を前につらい気持ちで一杯になった。趙伯平はため息をついて言った。「年を取って、こんなことになるとはなぁ。」

　習仲勲は、自分が批判を受けている状況と文革に納得できない心情を書き記した手紙を周恩来に送った。習仲勲の状況を周恩来は重視した。2月中旬、周恩来は西安造反派の代表に接見すると批判して言った。「我々も知らないのに、なぜ勝手に習仲勲同志を西安に送ったんだね。」そして、二重の意味を持たせて言った。「習仲勲を捕まえてしめしめと思っているのだろうが、あれはハリネズミだぞ。」

　3月19日、陝西省軍区は周恩来の指示に従い、習仲勲に対して軍事管制を敷き省軍区機関に移し、実質上の暫定的保護下に置いた。

　10月2日、造反派はまたもや習仲勲を富平県迤山中学の運動場に引きずり出し、富平県委書記の周惇と共に吊し上げた。習仲勲が臨時に架設された舞台に引っ張り出されると、舞台の下の何千もの瞳が彼のほうを見つめた。数キロ四方から駆けつけた群衆で、彼らの胸には英雄としての習仲勲のイメージがあった。天気は酷暑で、習仲勲が顔の汗を拭うと、舞台の下の者が思わず駆け寄って傘をさしかけるのだった。群衆は口々に習仲勲を批判する者たちを責めた。何を言ってる？ 1962年の飢饉のとき、習仲勲同志が陝北から穀物を運ばせて関中の県に配給してくれなかったら、どれだけの人間が飢え死にしたと思ってるんだ！

　批判大会は匆々に終わるしかなかった。習仲勲はふり返って言った。「迤山中学が私を吊し上げようとすると、天気が暑くて私が熱中症で倒れてはと傘をさしかけてくれる者がいた。批判大会のあとで私は言った。帰ってきたよ、故郷の味を食べさせてくれ、と。すると、彼らはソラマメの雑炊やアズキの麺を作ってくれるんだ。」

習仲勛は 10 月 31 日と 11 月の初めの 2 回にわたって、毛沢東と周恩来に手紙を書いて、批判大会の状況と思想の変化を報告した。1968 年 1 月 3 日、中央は専用機を派遣して習仲勛を北京に連れ帰り、それから長い監視の日々が始まった。

　1968 年初めから 1975 年 5 月までの 8 年近い期間、習仲勛は北新橋交通幹部学校のわずか 7 平方メートルの小屋で監視され、ほぼ世間と隔絶され続けたが、幸いなことに毎日『人民日報』だけは読むことができた。

　小屋の中で習仲勛は毎日 2 回の特殊な散歩をし続けた。1 周ずつ回って 1 から始めて 1 万まで数えて回ると今度は逆算して 1 万回から 1 回まで数えていくのだ。心の中で信念を保ち続けた。党のため、人民のため、再び働くためには歩き続けなくてはならない。気力を鍛え、身体を鍛えなくてはならない。習仲勛はふり返って言う。「私は共産党を信じていた。党中央はきっと私に正しい結論を下してくれる、と。」

　1972 年冬、周恩来の許可が出て、習仲勛は家族と会えるようになった。1965 年に洛陽に下放されてから家族と丸々 7 年間会っていなかった。2 人の息子のどちらが近平で、どちらが遠平かもわからなくなっていた。習仲勛の目から熱い涙が溢れ出た。

　1974 年 12 月 21 日、毛沢東は小説『劉志丹』事件に指示を出した。「この件はずいぶん長いこと審査した。これ以上、引き伸ばす必要はない。釈放し、追及を免じること。」1975 年の春節後、同事件専門調査組は習仲勛に対する監視を解き、"環境を変えて休養をとるよう"命じた。習仲勛は洛陽に戻ることを選んだ。

　1975 年 5 月 22 日、習仲勛は斉心に伴われて再び洛陽に来て"党員でもなく、仕事もない"日々を送り始めた。洛陽耐火材料工場の住宅棟 2 階の西部屋で、面積わずか 24 平方メートルの小さな家が、彼らが身を落ち着けた場所だった。習仲勛に給料は支払われず、しばらく経つと工場から 200 元の生活費を借りることができた。

　節約のため、習仲勛は自分で練炭を作る機械をこしらえて、自分で練炭

習仲勲の生涯―改革開放の立役者

文化大革命が始まると習仲勲は紅衛兵に洛陽から西安に移されて批判され、1年後、北京に移送されて監視下に置かれた。家族とは7年間会えずにいた。1972年冬、面会を許された斉心は子どもたちを連れて会いに行き、王府井の写真館で記念撮影をした。（当時、斉橋橋は内モンゴル生産建設兵団に、習安安は山西運城に、習近平は陝西延川県梁家村に下放、習遠平は河南西華県黄泛区農場中央党校五七中学を卒業したばかり。斉心は河南西華県黄泛区農場中央党校五七幹部学校で労働していた。）前列右から、斉橋橋、斉心、習安安、後列右から、習近平、習遠平

1975年、洛陽で

を作ることを覚えた。あるとき、隣人の労働者の李金海が練炭を運ぶのを手伝ってくれ、その日2人は白酒を飲んだ。そのときのことが李金海に強い印象を与えた。「ピーナッツがひと粒、床に落ちたんだ。すると急いで拾って、ふっと吹いて食べた。」

斉心が言う。「子どもたちが父親に会いに行く汽車賃がないと知ると、耐火工場の人たちが黙って自分たちの薄給から私たちにお金を貸してくれたわ。鉱山機器工場のベテラン工員の宋福堂さんは私を家に呼んでニラと豚肉の餃子と山東省の田舎の落花生をご馳走してくれた。何よりもありがたく温かったわ。」

習仲勲は工員たちの朝夕の通勤が不便だと知ると、市委に行き、看守に止められた。習仲勲は、私は習仲勲だ。市委の指導者に訴えたいことがある、と言うと、その場で状況を説明し、ついに問題は解決した。

1976年1月9日早朝、習仲勲はラジオの放送で周恩来総理が亡くなったことを知ると、茫然と立ち尽くした。担当部門の制止も顧みず、葬儀委員会主任の鄧小平に弔電を打ち、鄧穎超に転送した。「悪夢のような知らせに悲痛に耐えられません。弔問に行くことができないことが無念でなりません。」総理の遺影に向かって、習仲勲は何度も声をつまらせて泣いた。

1975年、斉心と娘息子たちと洛陽の紅星写真館で。後列左から、習近平、娘の習安安と娘婿の呉龍

その年は中国の農暦の辰年で、7月6日には人民の軍隊の創設者の1人で、かつて紅軍総司令、八路軍総司令、中国人民解放軍総司令を務めた朱徳委員長が逝去した。7月28日は唐山大地震が起きた。9月9日、中国共産党、中国人民解放軍、中華人民共和国の創始者で指導者の毛沢東が逝去した。こうした一連のできごとに習仲勲は国家の前途と命運を深く憂慮した。

　毛沢東が亡くなって、習仲勲は悲痛な心境に襲われた。1人郊外の小高い山の上で、花を摘んで胸に挿すと、しばらく直立して黙祷を捧げた。2年後、「紅い太陽は陝甘高原を照らす」という文章でこうふり返って記している。「長いこと地方で仕事をして来た私を毛主席は中央党校で学習させ、また引き続き地方、党校、部隊、機関で仕事させた。10数年間に何

1975年、洛陽で下の息子の習遠平と

度も毛主席に接触でき、思いやりを感じ、愛護を受けた。中央の会議にも
参加させていただき、時には話をしていただき、手紙をいただいたり、書
をいただいて励まされたり、不断に教育を受けた。」

　1976年10月、文革で勢力を伸ばした四人組が倒れた。習仲勲は歓喜した。
1977年8月、中国共産党第11回全国代表大会が北京で開かれ、10年に及
んだ文革は終了した。習仲勲は四人組が倒れると、中央に手紙を書き、名
誉回復を要求し、自分に適当な仕事を手配してくれるよう請願した。斉心
と子どもたちも習仲勲の名誉回復のために奔走した。

　1978年2月中旬、中央弁公庁は河南省委に電話ですぐに習仲勲を北京
に送り届けるよう言ってきた。23日、習仲勲が汽車で洛陽から鄭州に着
くと、河南省委書記王耀がホームで出迎えた。習仲勲は汽車を下りると王
耀と固く抱き合って興奮して言った。「王耀、人と抱き合うのは16年ぶり
だよ！」

33

65歳で広東書記になる

　1978年初め、習仲勲は全国政治協商第五届第1回会議に招かれ出席し、全国政治協商常務委員に選ばれた。16年ぶりの人民大会堂でたくさんの親しい友人や戦友と再会し、久しぶりに固く握手し抱き合った。

　パオルハンは習仲勲を見るや、ぎゅっと抱きしめて熱い涙を流し万感胸に迫る様子だった。習仲勲は自分のことは何も言わず、パオルハンのさまざまな状況を懇切丁寧に聞いた。パオルハンの娘のイリスヤは回想して言

改革開放初期の習仲勲

う。「父のいろいろな問題がまだ解決していないことを知ると、父を慰めて仰ったわ。中央を信じるんだ。きっと、公平で公正な結論を出してくれる」と。

葉剣英は習仲勲に会うとしばらく呆然としたままだった。あれだけの境遇に遭遇して、それにもかかわらず健康でいることに喜んだ。葉剣英はまもなく華国鋒と中共中央組織部部長に就任したばかりの胡耀邦に、習仲勲を広東に赴任させるよう提案した。

すぐに、65歳の習仲勲は祖国の南の大門を守る歴史的任務を任された。旅発つ前、華国鋒、葉剣英、鄧小平、李先念がそれぞれ習仲勲と面会し、厚い期待を寄せ、広東の仕事の重要性を指摘し、大胆に思いきりやるよう言った。

斉心同志がふり返って言う。「胡耀邦は経歴からも経験からも仕事の能

1978年4月5日、習仲勲が北京を発って広東に赴任するとき、空港に見送りに来た人たちとの写真。左から、習近平、呉慶彤、宋養初、斉心、屈武、右から2番目と3番目が斉橋橋と習遠平

葉剣英委員長が広東に視察に来たのを空港に出迎える習仲勲

力、レベル、威信からも夫を賞賛し、葉統帥も仲勲が一日も早く仕事に復帰できるよう応援してくれた。小平同志と話したあと、中央は夫を広東にやることにし、胡耀邦は南の大門を守ってくださいと言ったわ。」

　広東は文革で大きな被害を受け、もともとの香港、マカオの隣りで華僑が多いという優勢が劣勢に変わり、海外との関係は黒い関係となり、損害を蒙ったのは経済発展だけでなく沿海一帯の密航逃亡もますます激しく深刻になっていた。実際、習仲勲を待ち受けるのは生易しい仕事ではなかったのである。

　4月5日、習仲勲は飛行機で広州に着き、当日午後には開催中の広東省第四次党大会に出席した。6日午前は中共広東省第四次代表会議第三次全体会議で熱意溢れるスピーチをした。北方の水と土で育った自分が今こうして広東に来て、残りの人生を南方で送ろうとしている、と。

　当時、恵陽地委書記兼宝安県委書記だった方苞はこう回想する。「スピーチに原稿を使わないんだ。文革以後の指導者はみんな原稿を使うのに、初

めて広東に来て初めて全体委員会で会って、原稿を使わない。しかもスピーチもとても率直なものだった。この人はとても豪放率直な性格だと感じて、広東もこれで希望が持てると思ったよ。」

6日午後、省委四届一次会議で習仲勲は中共広東省委第二書記に当選した。同時に中央は彼を省革命委員会副主任に任命し、同年12月には省委第一書記兼省革委会主任に就任した。精力の中心は省委に注ぎ、省革委会の日常の仕事は省委書記で省革委会副主任の劉田夫に任せた。

習仲勲が就任してわずか1週間で、81歳の高齢の葉剣英が広東に視察に帰って来た。習仲勲の工作報告を聞き終わると葉剣英は六言の言葉を贈った。「深く調査研究し、穏やかな計画を制定し、速やかに中央に報告し、足並みそろえて執行実施し、軽重緩急を使い分け、帆裾安全に注意せよ。」

1978年6月30日、習仲勲は省委四届一次常委拡大会議で省委常委の整風状況を総括し、特に強調して注意を促した。「最近の新聞の文章をよく読む必要がある。例えば、「マルクス主義の最基本の原則」、「実践こそが真理を検証する唯一の基準」などだ。理論と実践を結合させて理論が実践を指導し、実践が逆にその理論を豊富にするのだ。実践から離れた理論には何の価値もない。」

9月20日、『人民日報』は「実事求是、思想を解放して前進の歩みを速めよう」と題して、習仲勲が開催した広東省委真理基準の討論会の様子を報道した。広東省は省委常委と省革委会副主任学習会を開き、実際と照らし合わせた真理の基準問題を討論した。習仲勲は指摘した。実践こそが真理を検証する唯一の基準である、と。これは決して単純な理論問題ではなく、重要な実践意義の問題である、と。習仲勲は全国でも最も早く新聞から端緒を見いだし、真理基準の大問題を公けに支持した何人かの省レベルの指導者の1人であった。

1980年1月、習仲勲は広州軍区第一政治委員を兼任した。習仲勲の推進により、広州軍区の文革の冤罪と誤りは非常に速く名誉回復を勝ち取った。

1979年1月、海南島三亜での習仲勲

33 65歳で広東書記になる

1979年6月、車窓越しに腕比べをする習仲勲と許世友。左は楊尚昆

1980年1月、習仲勲と粟裕(真ん中)、許世友(右)

1978年、海南島での習仲勲と習近平

33　65歳で広東書記になる

1978年8月、博羅県羅浮山で124師団の指導者たちと。前列左から2番目が習近平

　習仲勲は広東任期中、軍民の団結を強めることを重視し、地方と軍隊の関係に気を配った。広州軍区第一政治委員として率先して範を示し、広州軍区司令の許世友、呉克華と率直に話し合い、仲良くなった。許世友ははっきりした性格で酒を飲み、英雄を論じるのが好きだった。初めて会ったとき、許世友は習仲勲に先手を打とうと自分と習仲勲の盃に3杯、白酒をなみなみと注いだ。習仲勲は3杯飲み干しても顔色ひとつ変えず、落ち着いていたので、許世友は以来、習仲勲に一目置くようになった。

34

冤罪事件に大なたをふるう

　1979年1月8日から25日にかけて、習仲勲は省委四届二次常委拡大会議で十一届三中全会の精神を伝えた。会議で習仲勲は広東の文革以前の歴史が残した問題を全面的に徹底解決する指示を出し、名誉回復の問題について一気に11項目にわたる問題点を指摘した。反右派問題に言及すると、習仲勲は言った。広東省は中央の指示と精神に従い、誤りはすべて正し、尾っぽを残さないようにすべきである、と。

　習仲勲の言葉は長いこと鳴り止まない拍手で中断され、人々はあとでこう形容した。とうとう嶺南に本当の春が来た、と。

　習仲勲が冤罪に大なたをふるったことで特に突出していたのは、反地方主義と李一哲事件と反彭湃烈士事件である。

　彭湃は有名な農民運動大王である。1960年代、四清運動で広東海豊に突然反彭湃のうねりが起こった。文革中、彭湃烈士の息子の彭洪ら数名

1978年12月、習仲勲は中共十一届三中全会に出席し、中央委員補欠に選ばれた。十一届三中全会での習仲勲

239

の親族は惨殺され、多くは障害が残るまで怪我を負わされ、全国を揺るがす冤罪事件となった。

1978年6月18日、広東に来てまだ2か月ほどのとき、習仲勲は"反彭湃事件"について聴き取りをし、はっきりと名誉回復のための再調査を指示した。一家を造反した人たちは断固として反彭湃事件は名誉回復できないと主張し、中央に訴えると言い張った。習仲勲はそれを聞くと激怒して

1979年2月12日、『人民日報』は広東の冤罪事件の名誉回復を報じた

1980年春、広州白雲空港での習仲勲と胡耀邦

34 冤罪事件に大なたをふるう

言った。「やれるものなら、やってみろ!」

当時の広東省公安庁庁長王寧はふり返って言う。「習書記の指示に従い、省委、省革委会と広州軍区党委は聯合工作組を派出し、汕頭地委に協力して海豊反彭湃事件を徹底調査した。調査組は30数名からなり、私が率いた。メンバーは各単位の処級以上の幹部だった。調査は丸々半年に及んだ。」

四届二次常委拡大会議で習仲勲は明確に指摘した。反彭湃事件は、林彪と4人組が党の権力を剥奪した陰謀の一部で、矛先は周総理、葉副主席らベテランのプロレタリア革命家に向けられた最初の反革命事件である、と。

反地方主義は前後2回あった。最初は1952年から1953年にかけてで、中共中央と毛沢東は広東の土地改革が方向を見失なっていると厳しく批判した。華南分局の指導者方方が地方主義の過ちを犯していたのだ。2回目は1957年暮れで、広東省委は省委書記の馮白駒と古大存を頭とする海南地方主義反党連盟が存在し、中央の批准を受けていた。二度の反地方主義は深刻な禍根を残し、地方幹部2万7000人に累が及んだ。

習仲勲はさまざまな圧力をはねのけ、反地方主義を再調査し、はっきり言って憚らなかった。。「2つの可能性がある。私が広東を追い出されるか、反地方主義が名誉回復を遂げられるかだ。」

1979年8月、広東省委は「地方主義事件の再調査に関する通知」を発して指摘した。「当時、古大存、馮白駒の両同志が手を組んで反党活動を進め、馮白駒同志を中心とする海南地方主義反党集団が存在したと認定し、ある地方は地方主義反党小集団を形成したとするのは、今見るとそうした結論は不当であり、撤回すべきである。」

習仲勲は、中央に転出後も事件の進展に関心を持ち続けた。1983年、陳雲、黄克誠らに関心を持って訊ね、中共中央は2月9日に「馮白駒、古大存同志の名誉回復に関する通知」を発令した。その後、方方の処分も撤回され、名誉を回復した。30年余りに及ぶ広東の反地方主義冤罪事件はついに徹底的に覆された。

李一哲事件は文化大革命期間、広東で名を馳せた反革命集団事件である。

人民からの手紙を読む習仲勲

34 冤罪事件に大なたをふるう

1974年11月10日、李一哲と署名のある壁新聞「社会主義の民主と法制に関して——毛主席と四届人民代表会議に捧げる」が広州の街頭に貼り出され、林彪の集団が民主と法制を破壊したことを公けにあげつらい、名前は挙げずに4人組一派の深刻な罪状を指摘し、強烈な反響を引き起こした。習仲勲が広東に赴任して間もなく、獄中にあった李一哲のメンバーの李正夫が二度手紙を書いて訴えてきた。

　習仲勲は何度も会議を開いて李一哲問題を研究し、李一哲は反革命集団ではないと認識するに至り、名誉回復すべきだと考えた。1978年12月30日、李正夫たちは釈放された。

　1979年1月24日午後、習仲勲は李正夫らに接見し、丁寧な言葉で言った。「君たちの道は先が長い。正しい道を行き、健やかに成長して欲しい。」その後、習仲勲は2か月余りの時間をかけ、李正夫たちと話をし、談話記録だけで20万字以上に及んだ。

1980年春、習仲勲と楊尚婚（左4人目）、呉克華（左2人目）、劉田夫（左1人目）、李堅真（左5人目）らが出席した軍地座談会

多くの人は知らない。習仲勲が広東の冤罪事件に大なたをふるっていた
とき、彼自身が背負っていた小説『劉志丹』の冤罪と習仲勲反党集団の冤
罪事件も名誉回復がなされていなかった。中共中央が1979年8月4日に
中央組織部の「小説『劉志丹』名誉回復に関する報告」を批准して転送し、
1980年2月25日に「いわゆる習仲勲反党集団名誉回復に関する通知」を
発令したのは、習仲勲が広東で2年仕事をしたあとのことだった。

　習仲勲は16年間の辛酸の末、南下して広東の書記になっている。年月
の緊迫感と歴史の使命感から、習仲勲はひとしお張り切って仕事に全力投
入し、深夜遅くまで仕事をしてからも新聞を読んだり、読書をしたりして、
国内外の動向を理解し、自身の言葉で言えば1日を2日にして頑張った。
そのすべては夫人の斉心が目にしていた。「妻として、その心情はよくわ
かったわ。失った16年間の歳月を取り戻したい、党と人民のためにたく
さん実際的なことをしたいとの思いからだったのね。」

34　冤罪事件に大なたをふるう

245

35

密出国ブームを抑える

　密出国問題が広東では長いこと解決できないでいた。習仲勲が広東で直面した最大の問題でもある。

　資料は物語る。1960年代から70年代に広東省から香港に次々と逃げ出した人の人数は15万人にのぼり、宝安県だけで4万人余りが逃げている。

1978年7月、広東華僑農場調査研究での習仲勲

沙頭角公社を例に取ると、人口1200人足らずで解放後香港に渡った者は2400人、現人口の２倍いて、残されたのは老人や病人、女性だけ、多くは送還されてもすぐにまた逃亡している。

　1976年7月上旬、習仲勲は香港のすぐ隣りの宝安県にやって来た。真夏の暑い盛りに酷暑を物ともせず辺境線を眺めつつ調査していた彼は気がついた。村々には若者の姿がまったくない。南嶺村では、この村はもともと600人余りいたのが、500人余りが香港に逃げ出し、10軒の家のうち9軒が空き家で寂れ果てていた。沙頭角近くでは2人の人間が縛られたまま放っておかれていた。習仲勲は解せずに、どういうことかと聞いた。視察に同行していた宝安県委書記の方苞が答えて言った。「逃亡したんですが、辺境防衛軍に捕まったんです。防衛軍はまだ拿捕を続けているので護送してないんです。」

　習仲勲は収容所を見に行きたいと言った。方苞は思い出して言う。「蓮塘の収容所に収監されていたのは、汕尾、汕頭の逃亡者たちで数十人が押し込められていた。習仲勲同志は尋ねた。どうして逃げたのか、と。農民は彼が誰だか知らないので、何でも聞かれたままに答える。生活が苦しいからさ、香港なら金が稼げる、やっぱりあっちのがいいから、出て行くのさ、と。」

　道中見聞きしたことで習仲勲の心は重く沈んだ。

　方苞が同行して2つの加工工場に行ったとき、習仲勲は深く感じることがあったようで言った。「沙頭角がどうして発展しないのか優先的に考えるように。道の向こうは繁栄してるのに、こっちは寂れている。どうしたら社会主義の優越性が示せるのか。なんとしてでも沙頭角を発展させなければならない。」さらに言った。「やはり政策の問題だ。政策がうまくいけば経済は発展していく。ここは国の南大門だ。国のためにも力を尽して外国人に社会主義の新たな息吹を感じさせなければ。」

　習仲勲ははっきりとみんなに告げた。越境して土地を耕したり、香港の資本家に採石設備を導入させて輸出したり、外国資本を吸収して加工業を

1978年7月、広東梅県巻煙草工場を視察

興したり、辺境の小額貿易を復活させたりして、何でも待たずにすぐやれるようにする。生産力が上がるなら何でもやる。何とか主義だからとまず決めつけるな。資本主義のいいところは学ばなければ。さらに一歩突っ込んで励まして言った。「香港市場が何を求めてるか、何をすれば外貨を稼げるのか、何を植えて、何を飼っているのか。」

富むことができる者がまず豊かになれ、なんとか主義だと反対するな。その言葉は方苞たちを驚かせた。これも、習仲勲が今回の実地調査で見つけ出した密航の根っこからの治療方法だった。

だが、厚くはった氷を溶かすのは容易なことではない。密出国は1978年の下半期にさらに深刻になった。10月14日から18日に、広東省密出国反対座談会が汕頭で開かれ、会議は密出国反対闘争に対する指導を強め、生産力をあげて経済を発展させ、人民の生活水準を向上させ、辺境防衛を厳格にし逃亡阻止対策を強化することを決めた。

省委常委会で習仲勲は旗幟鮮明に態度を明らかにした。いわゆる逃亡は階級闘争でも何でもなく、人民の内部の矛盾である。香港も中国の土地で、人々が生活が立ち行かなくなり香港に逃げるのは"外流"と呼ぶべきで、"外逃"ではない、と。

　あまりにたくさんの人が外に逃げようとするので、収容の仕事は困難を極めた。小さな部屋に200人が詰め込まれ、座るに座れず、1979年1月から6月初めまでに深圳収容所はすでに10万人を超え、前の年の年間の収容人数の倍となった。習仲勲は心を痛めて言った。「外に流れる人を敵とみなしてはならない。全員釈放しなさい。ただ捕まえるのでなく、内地の建設をしっかりやって彼らが逃げ戻って来るようにするのだ。」

　6月14日、国務院と中央軍委は「断固として広東省の大量の群衆の逃亡を阻止することに関する指示」を発令した。習仲勲は17日、18日と連続して省委常委会議を主催し、反逃亡工作を研究対応し反逃亡の10人の

1978年8月、広東恵陽の農村での調査研究で。一番左が習近平、当時は清華大学の学生で夏休みを利用して広東に社会実践活動に参加して、父親に同行して農村に来ていた

35　密出国ブームを抑える

249

指導小組を設立、習仲勲自ら組長を務めた。習仲勲は決して境外に逃亡する人々を敵対する矛盾として処理することはなく、むしろ反逃亡工作が最も大変なときに、逆に大量の拘留された人々を釈放した。

20日、習仲勲は恵陽地委の叛逃亡会議で、逃亡問題の解決方針は、治標治本の共に挙げるべきだとした。治本とは物質の基礎の上でも精神的にも組織的にも社会主義陣営と逃亡を制止する条件を堅固にすれば、生産さえ向上し、収入が増加し逃亡は大きく減少するということだ。

7月7日、習仲勲は国務院副総理の李先念、陳慕華と中央に打電し、年末以来発生している境外逃亡がすでに抑えられていると報告し、収容工作を改正して、逃亡を図った者を犯人扱いしないよう要求した。

8月27日、広東省委は「今一歩反逃亡工作をすることに関する指示」を出し、各級党委が反逃亡工作を長期的な政治任務とするよう要求し、治本治標を貫徹し、治本を主たる方針とし、収容送還工作を改良して大衆が

1978年8月、習仲勲、広東博羅県の調査研究で。前列中央に立つのは習近平

恵陽地委常委会で話す習仲勲

35 密出国ブームを抑える

現に有するの国難を解決するよう求めた。

それと同時に、習仲勲と広東省委は何度も要求して、中央と国務院に50号文件（1979年7月15日）を発布させて、深圳などの地を試みに特区とすることに決定した。これより、中国の経済特区が正式に動き出し、生産が向上し、収入が増加し、境外逃亡も次第に影をひそめるようになっていった。

1987年2月14日、広東を離れて7年ぶりに深圳の南嶺村に農民の生活状況を視察に。改革開放後の村の様子に心慰められる習仲勲

36

中央に権利を求め、
広東を先に一歩進ませる

　1979年4月8日午後、中央工作会議期間（4月5日から28日）、華国鋒と李先念、胡耀邦らが中南組討論に参加した。習仲勲が討論の主宰をし、系統だった発言をして中央に広東に対する権力を緩めるよう鄭重に要請した。

　経済管理体制には過度に権力が集中しているなどの問題が存在すると話すと、はっきりと言った。「広東は香港、マカオに隣接し華僑も多いので、その有利な条件を利用して積極的に対外技術交流を進めるべきである。我

南海を望む

習仲勲の生涯―改革開放の立役者

1978年8月5日、恵陽地区を調査研究する

が省は今回の会議で中央が広東に少し権力を与え、広東を一歩先に歩ませることを希望します。」このような比喩を用いて言った。「スズメは小さいけれど五臓六腑がそろっている、と言います。広東は1つの省としては大きいスズメで、よその国1つあるいは数か国分はあります。でも、現在の省の地方起動権力は小さすぎ、国と中央にがんじがらめに縛られていて、国民経済の発展に不利です。全国の集中統一指導の下、少し手を放して自由にやらせて欲しい。そうすれば、地方にも有利だし、国家にも有利です。」さらに進んで大胆な仮説をした。「もし広東が独立した国家なら（もちろん仮の話である）、数年で上向くでしょうが、今の体制では難しい」と。

　これは、習仲勲が広東5600万人民の切実な要望を代表して言ったもので、初めて正式に「中央は少し権力を分けて広東を一歩先に歩ませて欲しい」という請求を提出したものだった。それに先立ってその年の1月、葉剣英が広東に帰って来たとき、習仲勲ら広東の責任者である同志に焦って

254

1978年12月、広東省委工作会議で。左は劉田夫

36　中央に権利を求め、広東を先に一歩進ませる

言ったものだ。「我々の故郷はあまりに貧しい。何とかして経済を発展させなければ。」

　約5か月前の1978年11月中旬に開かれた中央工作会議で、習仲勲は発言の中で中央は地方に問題の処理に関しての融通性を持たせ、広東が香港に弁事処を置くことを許可し、香港、マカオの華僑の資金を吸収し、先進技術と設備を導入して加工業、補償貿易などの方面で決断処理する権限を与えて欲しいとはっきりと希望を提出した。それはつまり、権力を分けて欲しいという心の声で、鄧小平が当時提案した先に富める者から富み、権力を下放するという観点と謀らずも一致していた。

　1979年4月17日、中央政治局は各組に召集をかけ、報告会を開き、華

255

国鋒、鄧小平らが参加した。習仲勲は報告の中で、もう一度こう言った。「我が省は討論の結果、今回の会議で中央に少し権力を分けてもらい、広東に自己の有利な条件を生かし一歩先に進ませて欲しいと希望する。」あわせて再び大胆な仮説を発表した。「広東が独立国なら、きっと香港を超えるであろう。」同時にさらに一歩進んで、広東は外国の加工区の方式を模倣するつもりで視察、学習、試験を行い、国際慣例を運用し、香港マカオに隣接する深圳市、珠海市と重要な華僑の故郷である汕頭市に独立した管理を行い、華僑、香港マカオ同胞と外商の投資場所とし、国際市場の需要に照らして生産する"貿易合作区"とするとした。

　これらは中央の主だった指導者たちが積極的に反応し、次々と賛同を得た。鄧小平が口をはさんで言った。「広東、福建で特殊な政策を実行し、華僑の資金、技術を利用し工場を作る。そうしても資本主義になることはない。なぜなら、我々が稼いだ金が華国鋒同志と我々のポケットに入ることはないからで、我々は全国民所有制だからだ。広東、福建両省の8000

1979年、海南島での習仲勲と葉剣英

万人が先に富むことは何も悪いことではない。」

　習仲勲がこのときの中央工作会議で先に一歩歩み、権力を得るために、貿易合作を設立するという発想は、歴史的に見て、まさにのちに広東と福建の両省が対外経済活動に特殊な政策を実行し、深圳などの4つの経済特区を設立した最初の吶喊の声だった。

　調査がなければ発言権はない。習仲勲の足跡は広東の津々浦々に及び、彼が繰り返し考えるのはいかにしたら広東の四つの近代化建設を速く推し進めるかということで、絶対に香港マカオの隣接地という優勢を発揮すべきだとはっきり認識していた。

　宝安県を視察したとき、県委書記の方苞が彼に言った。香港に密航して渡った者の多くは仕事を見つけるとすぐに家に金を送ってきて、家族は1、2年で家を建てるのだ、と。

　普寧県で3人が1台の耕耘機で畑を耕すのを見て胸が痛んだものだ。「解放して29年にもなるのに、昔ながらの農作のままじゃないか。」

　習仲勲は2回連続して中央工作会議で"授受"と"要権"で、経済改革の諸問題を決断処理するよう意見を提出し、その切々とした心情は言動に溢れ出ていた。中央工作会議が終わると習仲勲はすぐに広東に取って返し、省委常委に会議の精神と中央に権利を求めたいきさつを伝えた。習仲勲は強調して言った。「広東が先に一歩進むことを要求したのは、広東だけの問題ではない。国全体に関わる問題で、全局から出発したものだ。」そして、もうあとには引けないという思いで言った。「広東のことは今日がダメなら、明日また提出する。明日がダメなら、また明後日提出する。中国の社会の発展は変化し続けなければならない。自分が言わなくても、中央が言うだろう。老いぼれの命をかけてもやるぞ。」

　習仲勲の中央への要請は葉剣英が強く支持した。1979年6月1日、広州で三級幹部会議に出席した地、市、県委書記に接見すると励まして言った。「広東が上手く行けば、全国を推進できる。広東が上手く行かなければ、全国が混乱に陥る。君たちの努力がとても重要なのだ。」

257

習仲勲の生涯―改革開放の立役者

1979年6月、広東省三級幹部会議で中央が改革開放を広東から先に進めることに同意したことを伝える。葉剣英、許世友、楊尚昆と手を取って会場に入る

36 中央に権利を求め、広東を先に一歩進ませる

1980年8月末から9月初め、広東湛江で農地の水利建設を視察

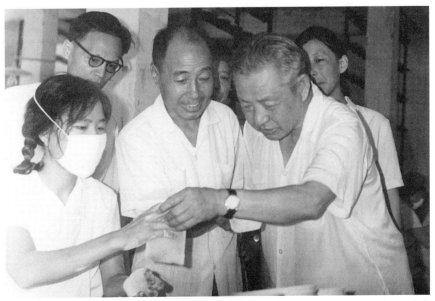

広東で積極的に企業改革の方法を探り、清遠経験を支持推進し、企業の自主権を拡大し、生産効率を高める。企業を視察し、生産と改革の状況を理解する

習仲勲の生涯―改革開放の立役者

1980年8月末から9月初め、広東湛江の農村を視察して若者たちと歓談する

1980年8月末から9月初め、湛江地区の被災民を見舞う

260

1979年11月22日から12月6日、広東省友好代表団のオーストラリア訪問。鉄鋼業を視察中

36 中央に権利を求め、広東を先に一歩進ませる

1979年12月、香港を訪問して証券会社を視察する

37

命がけの特区建設で見いだす起死回生の道

経済特区の提唱と創設は習仲勲の名と切っても切り離せない。1978 年春夏の変わり目に国家計画委員会と外貿部が組織した視察団で香港、マカオを視察後、広東に宝安、珠海両県を直轄市にし、建材と材料加工業を発展させるよう提議した。習仲勲ら省委の責任者は積極的に支持し、準備を開始した。

同年 10 月、広東は国務院に「宝安、珠海両県外貿基地と市政計画構想」を報告、3 つの建設目標を提出した。すなわち、宝安と珠海をレベルの高い商品輸出基地にし、香港、マカオの旅行客を引きつける観光地とし、新興の防境都市とする目標である。

1979 年 1 月 6 日、広東はまた交通部と連名で国務院に「香港駐在招商局が広東宝安に工業区を建設する報告」を提出した。1 月 23 日、広東は宝安県を深圳市、珠海県を珠海市と改名、輸出基地建設に着工した。3 月 5 日、国務院は両県を省直轄市にすることに同意した。

習仲勲は深圳と珠海にそれぞれ赴任した張勲甫、呉健民と話し、この地の人々をまず富ませるよう激励した。深圳市委員会最初の書記を務めた張勲甫は回想する。「我々書記を召集すると意見を出させ、指導グループを提出させました。私が書記で、ナンバーツーが方苞というように。暮らしを良くして、庶民をまず豊かにさせて初めて密航の問題は解決すると言ってましたね。ただ取り締まるだけでは、今日逃亡しなくても明日逃亡する。向こうが豊かだから逃亡するのだから。だから、我々は習仲勲同志の支持により、まず先に豊かになる地域を作りました。」

37 命がけの特区建設で見いだす起死回生の道

広東書記時代の習仲勲

特区という単語が再び中国の歴史の大舞台に登ったのは、習仲勲と鄧小平の有名な対話においてである。

中央工作会議期間(1979年4月5日から28日)、習仲勲はまず華国鋒と中央政治局常任委員たちに報告し、その後、鄧小平に詳しく深圳、珠海と汕頭に貿易合作区を建設する構想を報告した。どういう名称にするかはまだ決まっていないと言い、輸出加工区では台湾に似た名称があるし、自由貿易区では資本主義をやるのかと誤解される。だから、貿易合作区という暫定的な名称にしたのだと話すと、鄧小平は言った。「やはり特区がいい。陝甘寧も初めは特区と言ったじゃないか。」鄧小平は習仲勲を励まして、思いきりやるように言った。「中央には金がないが、政策は出せる。自分たちで起死回生の道を切り拓くんだ。」

習仲勲は土地革命の時代に20歳前で陝甘辺根拠地の建設に身を投げ、

1978年7月、宝安県を視察し、外貿商品生産基地建設を要求する。広東省計画委員会副主任張勲甫(左1人目)らと。隣りは斉心

37 命がけの特区建設で見いだす起死回生の道

1979年新春、広東四会県の畑で農民と

抗戦初期には陝甘寧特区（のちに辺区と称した）のために南大門を守り、関中特区で書記を務めたときに鄧小平との付き合いが始まった。この特区に関する対話が出たのは2人の間では歴史的必然だった。

　起死回生とはつまり観念の突破と体制の変革を意味し、何事も畏れない英雄的気迫、これまでにない開拓の勇気、公のためには私を忘れる精神が必要だった。習仲勲はきっぱりと言った。「命がけで広東の体制改革実験をやり遂げます。」

　1979年5月中旬、国務院副総理谷牧が中央工作組を率いて広州に到着した。習仲勲ら広東省責任者たちは中央と国務院への報告書を起草し、谷牧と深く意見を交換し、具体的内容を制定するため討論した。その後、6月6日に広東省は中共中央と国務院に「広東の有利な条件を発揮し、対外貿易を拡大し、経済発展を加速することに関する報告」を提出した。6月9日、福建省委員会も類似の報告をしている。7月15日、中共中央、国務

1979年6月、珠海を視察。左1人目は珠海市委員会書記の呉健民

油絵『1979年の習仲勲と鄧小平』（廖暁明画）

37 命がけの特区建設で見いだす起死回生の道

院はすぐにこの2つの報告を批准した。広東の幹部民衆が長いこと待ち望んだ50号文件である。文件は指摘する。「両省が対外経済活動に対し特殊な政策と臨機応変な措置を採り、地方により大きな主導権を与え、その有利な条件を発揮し国際情勢をつかんで、一歩進んで経済を迅速に活発化させる。これは重要な政策決定であり、我が国の四つの近代化を加速させるために重要な意義がある。」

国務院副秘書長を務め、50号文件の起草者の一人である李灝はふり返る。「我々工作組が来ると、習仲勲同志は汽車の駅まで迎えに来てくれた。今でも当時の情景を覚えているよ。谷牧副総理が率いたあの組をどれだけ重視していたかがわかる。50号文件の制定は習仲勲同志が三中全会、特に工作会議上で大きな声で呼びかけ、激昂して、手を緩めて我々広東省にやらせてくれ、と言ったことと切り離せない。改革開放の第一歩に最も重要な役割を果たしたんだ。」

9月21日、習仲勲は全省の地委書記会議で中央の50号文件を貫徹するよう明確に指示した。「広東は全国の大局から出発して、この件をしっかりやらなければならない。やるかやらないか、小さくやるか、中ぐらいにやるかの問題ではない。大きく、速くやるんだ。纏足の女性のような歩みじゃダメだ。」そして、自信たっぷりに言った。「形勢はグズグズすることを許さない。全力で取り組み、絶対に起死回生の覚悟で対外経済活動と特区建設を成功させて、全国の参考にするのだ。」

起死回生の覚悟とは何か。習仲勲は言った。「三要と三不要の態度が必要だ。第一に決心、絶対にあと戻りしない。第二に大胆に重荷を背負う勇気を持つ。第三に実務的精神、謙虚さと慎重さを持つこと。冒険はせず、目立とうとせず、自分を否定することを怖れないことだ。特に我々、各級の指導者幹部は命がけで広東の体制改革をやるんだ。」さらに言った。「中央の指導の下、我々が真剣に向き合い努力して仕事すれば、50号文件は必ず貫徹執行できる。経済管理体制改革という実験で1つの生きる道筋を見つけ出せる。」同時に言い含めるように言葉を続けた。「歩き始めは困難

37 命がけの特区建設で見いだす起死回生の道

1980年春、葉剣英（右2人目）、胡耀邦（右1人目）、楊尚昆（左1人目）と対談する

習仲勲の生涯―改革開放の立役者

谷牧と

1980年春、広州でボランティア労働に参加する

1980年、葉剣英（左1人目）、聶栄臻（左2人目）らと広東で

37 命がけの特区建設で見いだす起死回生の道

1980年6月4日から7日、マカオを訪問。マカオ総督（前列右4人目）、梁威林（前列右3人目）、霍英東（前列左1人目）、馬万祺（前列左3人目）、何賢（前列左4人目）らと

が多いだろう。邪魔する力も大きいだろう。罵られることもあるだろう。その覚悟が必要だ。」

12月17日、谷牧は北京京西賓館で広東、福建両省会議を開いた。谷牧は言った。「習仲勲同志は言った。広東が独立国なら必ず発展は速いと。今や半独立国だ。あとは君たちの番だ。中央の一部の部門はまだ思想解放が足りない。我々も努力するが、君たちも覚悟しろよ。」

1980年3月24日から30日、谷牧は広州で再び両省責任者会議を開き、50号文件の貫徹執行情況を検査総括し、「広東、福建両省会議紀要」を作成、「紀要」は輸出特区を正式に経済特区と命名した。

李灝がふり返って言う。「習仲勲同志の三中全会での、特に翌年の中央工作会議での発言と主張が功を奏した。中国の改革開放の工作の重心を全面的にやるのか、それとも一部の地方から先にやるのか、試験的に先に進めるのか。そういう意味で大きな意味を持ったんだ。」

1980年秋、楊尚昆(左1人目)が中央に異動する前夜、後任の任仲夷(右1人目)らとバスで中山紀念堂へ

8月26日、第五届全国人大常委会第15回会議は「広東省経済特区条例」を通過し、深圳など経済特区の着工の基礎が固まった。経済特区の建設はまさに起死回生の改革開放初期のアルキメデス的転換であり、旧い体制を突き動かし歴史の新たなページをめくったのだった。新生の経済特区の両翼を羽ばたかせるため、習仲勲は初めて中央に権力を求めることを決意した。1980年9月24日と25日、胡耀邦は中央書記処会議を開いた、24日午前も習仲勲と楊尚昆、劉田夫は中央書記処に広東の特に深圳、珠海特区の工作を報告し、同時にもう一度中央に広東に対して最大の自主権を与えて、広東が外国とアジアの"四小龍"の成功経験に倣って経済特区として大いにやるよう提案した。

　9月28日、中共中央は「中央書記処会議紀要」を印刷公布した。「紀要」は、はっきりと指摘していた。「中央は広東省に権利を授け、中央各部門に対し臨機応変な対応をし、適当なものは執行し、不適当なものは執行しないか融通を利かせるよう指令する。」習仲勲が、この年の11月に北京に異動する前に広東のために勝ち取った伝家の宝刀であった。

　習仲勲が広東の書記を務めたのはわずか2年と8か月だったが、その心はいつも嶺南の熱い土地と共にあり、改革開放に大きな貢献を果たしたこの老同志をかつての部下たちはいつまでも決して忘れなかった。

　1983年冬、任仲夷が手術のために広東から北京に来ると、習仲勲は病院に全力を挙げて治療するよう指示し、手術当日は自ら病院で待機し、手術が無事終わるまで立ち去らなかった。1990年代末、すでに最晩年にあっても習仲勲はかつて広東省省長だった劉田夫が入院したと知ると見舞いに行くと言って聞かず、周囲の者が誰か代理を立てて見舞いに行かせるよう言うと、習仲勲は言った。改革開放のために貢献した老同志だ。この同志の努力がなければ改革開放はなかったのだ。そう言うと、自ら広東に出向いて劉田夫を見舞ったのだった。

1980年10月20日から11月6日、中国省長代表団を率いてアメリカを訪問。右は副団長の宋平

同訪問でディズニーランドへ

同コロラド州でモリブデン鉱企業を参観

同北米防空司令部を参観

37　命がけの特区建設で見いだす起死回生の道

習仲勲の生涯―改革開放の立役者

2000年7月2日、完成まもない深圳濱海大道で

38

再び中南海に

　1980年8、9月に開かれた第五届全国人民代表会議三次会議で習仲勲は全国人大常務委員会副委員長に選ばれた。11月、中央は習仲勲を北京の仕事に戻すことに決めた。

　1978年4月から数えて習仲勲が広東で采配を揮った期間はわずか2年と8か月だったが、歴史の重要な要に先頭を切る形となる祖国の南大門を開拓し、先に一歩進むべく奮闘し、経済特区を提唱して、人を驚かせる胆識と類いまれな勇気を持って中国の改革開放の最初のページを開いたのだった。

　1981年3月28日、中央は習仲勲を中央書記処で仕事させることにし、胡耀邦総書記を助けて中央書記処の日常業務を担当させた。十一届五中全会が中央書記処を成立させてから十三大までは中央の日常業務を担当した。胡啓立の回想によれば、指導者の便宜のため、書記処は臨時指導小組を設立し、胡耀邦を組長とし習仲勲が副組長となり、た

1981年6月、十一届六中全会で

1981年、中共中央書記処メンバー。左から、習仲勲、方毅、谷牧、楊得志、胡耀邦、万里、姚依林、余秋里、王任重

くさんの日常業務を習仲勲が責任を持ってこなした。

　6月下旬、十一届六中全会は習仲勲を中央書記処書記に選び、中央書記処の常務任務担当とし、中央弁公庁、中央組織部、中央統戦部、中央調査部などの部門を管轄させた。習仲勲は言った。「今年の3月下旬に、中央に中央書記処の仕事に参加するよう言われ、私は胡耀邦同志に全力を尽くして自分にできることをする、この命がある限り党のために少しでも多くの仕事をすることが党中央の私への信頼と期待に応えることですと言ったが、いまもその態度に変わりはない。そして、いつでも後進に道を譲り勇退する覚悟がある」と。

　1982年9月、習仲勲は十二届一中全会で中央政治局員、中央書記処書記になった。十二大開催前にもう新しい中央書記処には参加しないと要望し、もっと若くて力のある同志に重責をと建議していたが、中央は習仲勲の人望の高さ、政治経験の豊富さを考慮して続けて中央書記処書記を務め

読書中の習仲勲

38 再び中南海に

るよう決めた。

　第十二届中央書記処は習仲勲と胡啓立が書記処の日常業務を担当し、習仲勲は十二大前と同様、中央弁公庁、中央組織部、中央統戦部を管轄し、幹部、人事、統一戦線、民族宗教、工青婦の仕事を担当し、全国人大、全国政協と中央紀律委員会との連絡を取る仕事をした。

　1981年から始めて、習仲勲と胡耀邦は6年間共に仕事をした。胡啓立は言う。「改革開放当初、鄧小平同志が改革開放の総設計師として将来を見据え、胡耀邦同志らが全力で推進した。習仲勲同志は旗幟鮮明に、確固たる態度で改革開放を擁護し、積極的に推し進めた。胡耀邦同志は彼を厚く信頼し、多くのことを任せていた。」

　習仲勲の目の前に置かれた緊迫した任務は中央直属機関の機構改革と省レベルの指導者の若返りと幹部の新旧の交替であった。1981年10月15日、中央書記処第127次会議は決定した。中央機関の機構改革は胡耀邦と趙紫

279

中南海勤政殿の執務室で

陽が、中央直属機関の機構改革は習仲勛が、国務院機関の機構改革は万里が音頭を取る、と。1982年1月28日、中央書記処はさらに中央直属機関の機構改革は習仲勛が中央弁公庁、中央調査部、中央書記処研究室、中央党校、全国総工会、共青団中央、全国婦女聯合、全国人大常委会機関などの部署を含めて総責任を執ることを決定した。

　習仲勛は部署の1つひとつを調査研究し、各部署の特徴に応じて細かく組織、分類して指導し、各項目の改革措置を具体的に実現していった。習仲勛はよく各部門の指導者と関係幹部と話をし、忍耐強く彼らの思想指導をし、機構改革を通じて、適当な過渡的方法を採用し、幹部指導職務の終身制を徐々に廃止し、優秀な中青年の幹部を各レベルで大量に抜擢する新しい制度を打ち建て、党と国家の事業の継続発展を保証するよう繰り返し語った。

　習仲勛は特に新指導体制の建設と若い幹部の成長に気を配った。安全部

1982年1月、雲南の農村で

38 再び中南海に

1982年9月、党の第十二次全国代表大会代表の西安の女子工員于素梅と接見する

の新指導部と接見したとき、励まして言った。「勇気を奮って責任を担うことだ。問題を抑えるには主体的に責任を担うことだ。」

1983年春節前後、中央が習仲勲に南方に休暇に行くようアレンジすると、彼は福建などに調査に行くことを選んだ。2月17日、アモイ市の指導者たちとの座談会でこう言った。「青年には責任を持たせることで鍛錬できる。責任を与えなければ永遠に成長しない。」若い幹部をどのように養成するかについて、こう言った。「今年から、各省、市、自治区で毎年大卒者から一定の人数を採用し、彼らに事務をさせるのではなく、現場に派遣する。人民公社、大隊、工場で数年鍛えさせ、その中から優秀な者を選抜して各レベルの指導的位置に就かせるのだ。」

1981年秋に始まり、1983年春までに最初の全国機関の機構改革は順調に完成し、幹部の退職制度が確立した。習仲勲の努力で、中央直属機関の局レベル機構の総数は11％減少した。工作人員の総編制は17.3％縮減で

1983年2月、福建省アモイの港で

きた。各部委員の正副職は15.7％減り、新しい指導体制の中で中青年幹部が16％を占め、平均年齢は64歳から60歳に下がった。

　習仲勛は中央直属機関の機構改革と省レベルの指導体制の人事に原則と公正を堅持し、中央から存分な肯定を得た。1983年4月14日、中央は決定した。今後の各省市自治区の人大、政協副職の人事の報告は書記処の討論は必要なく、組織部が習仲勛、胡啓立同志に報告して批准を得ればよい、と。まさにそのころ、中共陝西省委の責任者が幹部人事の報告に来て、抜擢予定の副省レベル幹部に習仲勛の弟がいると話すと、習仲勛はすぐにその案を否定した。習仲愷は抗戦前からの老同志であり、長いこと地方の市の指導者の職務に就いていた。抜擢するのは当然の組織の行為であった。しかし、習仲勛は幹部の仕事は自らが率先して身を正すべきだと考え、弟を説得して昇級の機会を別の同志に譲らせた。

　指導者が党を正すのに参与するのは、習仲勛が胡耀邦に協力するもう1つの重要な仕事であった。中央は1983年冬から始めて3年の時間をかけて整党工作を進めることを批准した。中央整党工作指導委員会は胡耀邦が

1983年2月、湖南省視察で随行員たちと韶山の毛沢東故居の前で記念撮影

1985年4月20日、鄧小平、鄧穎超らと

主任、万里、余秋里、薄一波、胡啓立、王鶴寿が副主任、王震、楊尚昆、胡喬木、習仲勲、宋任窮が顧問を務めた。ただの顧問ではあるが、習仲勲は書記処で特殊な位置にあるため、整党工作は基本的に彼と薄一波が具体的な進行を指導した。

　1984年5月22日から6月12日にかけて、習仲勲は上海、浙江、江蘇、山東への調査研究に出かけた。1つの場所に行くたびに報告に詳細に耳を傾け、基層同志と座談交流した。各地の良いやり方はすぐに肯定し、同時に彼らが提出した問題提起には逐一説明を行い、共にその問題点の所在と解決法を検討した。若い幹部の抜擢については上海ですでに指摘していた。親疎の別は当然ある、だが、親疎で分けることは決してしてはならない。その賢明さ、公明正大さ、公正でまっすぐであることを重視して広く求めること。整党の目的については、江蘇で指摘している。整党を通して、経済を促進し改革開放を促進すること。

　習仲勲は6月20日、中央書記処に「華東一市三省行に関する報告」を

提出した。彼は第一期整党工作の出来の如何は今後に影響が非常に大きく、決して焦って生煮えの飯を炊くようなことになってはならないとした。同時に、少しずつ地方の市、県の基層にも展開すべきであるとした。習仲勲はさらに指摘した。新しい指導体制は充実、加速、建立の三段階のステップを重視しなければならない、と。胡耀邦は習仲勲の報告を各省、市、自治区と整党指導委員会に参考にするよう転送した。

　政策の実施は統戦工作の新局面を創り出す前提と基礎で、煩瑣な任務で量も多く分野も多岐にわたる複雑な工程であった。

　1981年12月21日から1982年1月6日にかけて、習仲勲の提議で第十五次全国統戦工作会議が開かれた。胡耀邦は統戦工作の主要な任務は政策実施を確実にすることだと強調した。習仲勲はスピーチの中で会議期間中に著名民主人士の胡厥文と胡子昂が胡耀邦に宛てて書いた手紙に言及し、手紙の中の統戦政策の実現に関する具体的意見を紹介して言った。「手紙

1985年5月、大学卒業生の先進代表に接見する。右1人目は胡喬木、右2人目は彭衝

は非常にうなずける内容で、目下の我々の統一戦線工作の情況に合致している。彼らは非常に謙虚で我々のやり方に学ぼうとしている。1950年代初め、我々が反対したのは共産党員の中に威圧的で自分たちが人より上だとする者がいることで、それではいけない。」

1983年9月15日、胡耀邦は統一戦線政策の実現問題について習仲勲に手紙を書いた。「政策の実現には党外の友人を仲間にし、華僑の帰国政策などを実現することが必要である。書記処を代表して、とりかかってもらいたい。」11月、胡耀邦はまた言った。「党外人士政策の実現には１つのチームを組織し、1、2年の時間をかけて各地を巡回して、実現状況を検査する必要がある。」胡耀邦の指示により、中央は1984年初めに政策実現小組を設立、習仲勲が人員の召集にあたった。

1984年7月6日、習仲勲は中央政策実現小組拡大会議を開催した。その年の暮れ、財物の点検工作が基本的に終了した。

1985年11月、江西の農村で貧しさを訴える人の話を聞く

1987年3月、広東省仁化県丹霞村で

　この政策実現工作には数年の時間がかかり、各方面に影響が及び、何万という家庭と個人に関係した。胡耀邦と習仲勲の指導の下、1986年までに基本的に完成し、混乱は静まって正常に戻り、社会の安定に大きな意義があった。

　斉心はふり返る。「1980年11月末、仲勲は北京に戻って五届全国人大副委員長、政治局委員、中央書記処書記になったわ。特に胡耀邦同志を助けて働いた期間、昼の勤政殿の仕事が終わると家に帰ってからも各地から政策の実現を求めてやって来る同志の接待に追われていた。長年、その日の仕事はその日のうちに片づけるという習慣のため、深夜まで仕事をしなければならなかった。」

　1985年9月、十二届五中全会で習仲勲は中央書記処での仕事を再び固辞し、若くて強力な同志に仕事を譲る意志を示した。

　1988年3月、七届全国人大一次会議で習仲勲は再び全国人大常委会副

習仲勲の生涯―改革開放の立役者

1982年12月4日、第五届全国人大五次会議で

委員長と内務司法委員会主任委員に選ばれた。二届の全国人大常委会副委員長で習仲勲は人民代表大会制度の堅持と完備化のため、民主法制建設を強め、全国人大と外国の議会との交流を展開することに積極的に貢献した。

　習仲勲は国家の法制建設をとても重視した。1982年12月4日、五届全国人大五次会議で全国人大常委会副委員長の彭真は葉剣英委員長の委託で憲法改正委員会を代表し、憲法改正草案に関する報告をし、習仲勲が大会を主宰して改正後の「中華人民共和国憲法」を表決で通過させた。この憲法は八二憲法と呼ばれ、国家の安定と改革開放の基礎となり、中国の特色ある社会主義の基盤となった。実践がこの憲法がすばらしい憲法だと証明している。1953年、習仲勲は中華人民共和国憲法起草委員会委員として、新中国最初の憲法の起草制定工作に関わった。

　習仲勲は「行政訴訟法」、「婦女権益保障法」、「未成年保護法」、「身体障碍者保護法」などの多くの法律、条例の起草と審議の仕事に関わっている。

38 再び中南海に

1981年9月、スウェーデン国王グスタフ・カルロス16世に随行して西安を参観訪問する

1983年11月23日から12月3日、中国共産党代表団を率いてフランスを訪問する。左3人目は副団長の喬石

習仲勲の生涯―改革開放の立役者

習仲勲

習仲勲はさらに中国の弁護士制度の健康的発展に尽力した。1980年代中期、遼寧省台安県の3人の弁護士がある刑事事件を弁護して逮捕されたことがある。弁護士の合法的権利はどのように保障されるべきか。この問題は最終的に全国人大常委会に反映され、習仲勲ら数名の副委員長の大きな関心を引いた。最後は全国人大常委会の監督と関与で3人の弁護士は無罪釈放された。1988年3月26日、『人民日報』は第一面で論説員の「弁護士の弁護の権利は侵してはならない」という文章を掲載した。司法部の元部長である鄒瑜は回想する。「仲勲同志が私と話しに来て、すぐに新聞に載せなければならないと言った。我々は新聞の原稿を作成し、翌々日には人民代表大会が開かれるので夜のうちに『人民日報』総編集長に電話して、委員長の指示で人民代表会議期間中に新聞に載せなければならない、それも第一面のトップで、と言ったんだ。」

39

海は百川を納める

　習仲勲は中国共産党の統一戦線政策の模範執行者であり、卓越した指導者の一人である。70％から80％のエネルギーを統一戦線の仕事に注ぎ込んだと語ったこともある。陝甘辺根拠地創設のころから、習仲勲と劉志丹は積極的に統一戦線工作を展開し、たくさんの緑林武装部隊を紅軍に加入させてきた。抗日戦争期は関中と綏徳で抗日統一戦線を拡大するのに大きな貢献を果たした。

1980年1月、広州で物理理論討論会に出席するノーベル物理学賞受賞者の楊振寧（右）と李政道と

1981年春、中南海で

39 海は百川を納める

1981年5月から6月、全人大代表を率いて、フィンランド、スウェーデン、ノルウェー、デンマークを訪問

　1980年代初めは改革開放の新しい形勢に習仲勛は理論と実践の両方面にわたり、中国共産党の統一戦線工作に新しい局面を開拓するのに卓越した貢献を果たした。1982年1月、第十五次全国統一戦線工作会議で習仲勛は要求した。「各レベルの統一戦線部は党外人士の家とならなくてはいけない。組織部が幹部の家であるように。各民主党派人士、無党派人士、一切の党外人士に統戦部は自分たちの家で、何でも話せ、どんな問題も提出していいし、何でも相談でき、困ったことがあれば我々が誠心誠意解決に努めると感じられるようにならなくては。」

　1985年2月、習仲勛の指導の下、第一次全国統一戦線理論工作座談会が開かれた。習仲勛は講話の中で明確に指摘した。「統一戦線は民族、宗教を含む一つの科学である。その内容はきわめて豊富で複雑でよじ登らなければならない科学の高峰である。」さらに誠意を込めて言った。「この統一戦線という科学は実践発展に従い、前へと発展するもので、停滞したり

1983年2月11日、福州で福建に定住した台湾同胞に接見する。左2人目は当時の福建省書記項南

1983年12月3日、スイスを訪問したときにジュネーブ湖畔で

習仲勲の生涯―改革開放の立役者

1984年9月28日、ウランフ（右1人目）、第10世パンチェン・ラマ（右3人目）、楊静仁（右5人目）と北京民族文化宮で民族工作展覧の開幕式に出席する

1985年9月2日、中共中央を代表して九三学社建社40周年大会でスピーチする

1986年12月3日、全国統一戦線工作会議でスピーチをする

硬直してはならない。でなければ、生命力がなくなる。」
　指導者の地位にある共産党員は海のような気持ちと寛大な民主的態度、ひいては心から付き合える友人であるべきだと習仲勲は考えていた。彼の最も突出した特徴は友人が多いことで、それも党内党外、各界各民族、五湖四海、忘年の友も多かった。前にも挙げたように、新疆のパアルファン、賽福鼎、青海のラオマトンアイ、陝西の楊明軒、茹欲立、趙寿山、甘粛の馬鴻賓、コンタンツァン生き仏などなど。
　いつでもどこでも国難を解決するのに手を貸すのは、習仲勲の一貫した態度であった。新疆ウイグル自治区人大の元副主任であったマイヌアルは新疆ウイグル民族の領袖のアハマティチアン・ハスムの未亡人で、彼女は回想する。「習仲勲さんと斉心さんは私たちのことをずっと心にかけてくれて、北京に行くたびに歓待してくれたわ。あるとき、私が『新疆児女』という画集を出そうとすると、大飢饉で大変なときで銅板印刷ができなく

て、北京でそのことを習仲勲さんに話したことがあったの。彼はそのとき、副総理だったのにわざわざ自分で電話して、すぐにその問題を解決してくれたのよ。」

1980年代に撮影されたテレビドラマ『滄海一粟』について、ある部門がこのドラマは"人体写真"を扱ったポルノであるとの密告の手紙を何度も受け取った。劉海粟は習仲勲に手紙を書き、人を介して脚本を送り届けた。わずか3日後、習仲勲は一筆を書いて、ドラマ『滄海一粟、美麗一生』は無事クランク・インすることができた。閻明復はふり返る。のちに劉海粟が香港に住むときも習仲勲が親身になって相談に乗り、円満に解決することができたのだ、という。

習仲勲は特に民主党派の新旧の交代に関心を寄せ、若い幹部の育成に注意を払った。張治中の子の張一純の仕事のことでは自ら統一戦線部の責任者と相談し、「適当な仕事、あるいは民革または北京にどうか。北京市に

1990年中頃、深圳で台湾国民党元中央評議委員陳建中（右1人目）と。左3人目は夫人の斉心、左2人目は娘の斉橋橋

留めれば活用度が高い」と助言している。また、程硯秋夫人果素瑛と梅蘭芳の息子の梅紹武を全国協商委員に自ら提案して推挙している。

　香港、マカオ、台湾の同胞、海外華僑の工作をいかに上手くやり、祖国統一を1日も早く実現するかは統一戦線工作の要中の要であり、習仲勲が常に考え研究している問題であった。

　1981年5月から6月の間、習仲勲は北欧四か国を訪問し、スウェーデンで台湾行政院の僑務委員会委員長毛松年が欧州華僑代表会議を開催するのに遭遇した。初め、大使館は人員を参加させたがらなかった。習仲勲は知るときっぱりと言った。「たくさんで行けばいい。」そして、毛松年に言づけた。「我々の国の内部の問題だから、気にしないで会議を開けばいい。青天白日旗を掲げてデモをしたりしなければいい。」さらに伝えた。「毛松年さんが私と会う気があるのなら、喜んで話をしますよ」と。

　習仲勲は台湾同胞の大陸での仕事と生活にも気を配っていた。1982年4月、『青運状況』が「台湾医師周朗の報国の志が受け入れられず」とする

休養中の習仲勲

2000年2月21日、江沢民が深圳に習仲勲を見舞う。右1人目は時の中共中央政治局委員の曾慶紅

一文を掲載し、天津河西区病院の血液病専門の台湾医師が信頼されず、仕事も不遇であると報道していた。習仲勲はそれを読むとすぐに指示した。「台湾籍の同胞と同志にそんな風に対応していたら、団結も何もない。台湾工作を広く展開できないではないか。これは台湾工作の政策方針に関わる問題だ。厳しく対処するように。」

1983年12月27日午後、台湾と国外から祖国に帰り大陸に定住した人々と集まり、共に新年を祝ったことがある。習仲勲は元国民党の空軍少佐で中国人民解放軍空軍某航空学校副校長の李大維と楽しそうに語らって言った。「陝西で働いているのか。私も陝西人だよ。」

習仲勲は言った。統一戦線工作、台湾工作は各部門でやらなければならない、統一戦線部、外貿部、商業部、郵電部、外交部にもその仕事があるだけでなく、みんなが協同でやって初めて上手くでき、それぞれの方面での積極性を発揮できるのだ、と。

習仲勲と国民党トップレベルの人物陳建中は同郷の同級生である。陳建

1994年11月12日、胡錦濤と

39 海は百川を納める

1999年の国慶節期間に
胡錦濤と

中は台湾で国家統一建設促進会の副理事長、国民党中央評議員などの職に就いたこともあり、1980年代初めには両岸の敵対を停止せよという文章を発表したこともある。中央の同意を得て、習仲勲は関係部門に指示し、陳建中の祖国訪問を実現させた。1990年10月中旬、習仲勲は統一戦線部の責任者に伴われて前後4回陳建中と会談し、祖国の改革の発展状況と中国共産党の台湾政策方針を紹介して、祖国統一の大業に尽力して欲しいと要望した。習仲勲の薦めで江沢民も陳建中と会見した。陳建中のそのときの大陸訪問は、中共中央と国民党のトップレベルとの最初の重要な接触で、海峡両岸関係史上きわめて積極的な意義があった。

　1993年3月、習仲勲は指導者の地位を引退したが、党と国家の事業に対する関心は変わらなかった。

　1999年秋、すでに86歳の高齢の習仲勲は北京での建国50周年のさまざまな活動に参加し、天安門上で盛大な閲兵式とパレードを参観した。

　50年前の開国大典には遠く西北にいた習仲勲と彭徳懐は参加できな

1999年10月1日、中華人民共和国建国50周年式典に参加

1999年夜、天安門上で江沢民と

かった。50年後、天安門に立ったベテランのプロレタリア革命家の中で、習仲勲は建国当初から中央人民政府委員会委員と中央人民政府人民革命軍事委員会委員を務めた唯一の開国元勲だった。

　10月1日の夜、習仲勲は天安門上から花火大会を参観した。大会開始前、中央の指導者らが次々と彼に会いに来て固く握手し、記念撮影をした。華麗な花火と歌い踊る人々に習仲勲は万感の思いで中央指導誌の同志たちに言った。「人民こそが国であり、国こそが人民であることを永遠に忘れてはならない」と。

　人民こそが国であり、国とは人民のことだ。これこそが中国共産党員の心からの声だった。

39　海は百川を納める

303

習仲勲の生涯―改革開放の立役者

晩年の習仲勲

1999年10月、習仲勲と斉心

39 海は百川を納める

息子の習正寧（左）と習近平と

孫娘たちと

39 海は百川を納める

2000年10月15日、家族と

習仲勲の生涯―改革開放の立役者

習近平一家と。前列左から彭麗媛(ほうれいえん)、習明沢、習仲勲、車椅子を押すのが習近平

結　び

2002年5月24日5時34分、習仲勲は北京で病没した。享年89歳だった。

中共中央は「習仲勲同志の生涯」で、習仲勲は中国共産党の優秀な党員であり、偉大な共産主義戦士であり、傑出したプロレタリア革命家で、我が党、我が軍の卓越した政治工作指導者で、陝甘辺区革命根拠地の主たる創建者と指導者の1人である、とし、次のように評価した。

「習仲勲同志は76年間の革命の生涯の中で、共産主義を堅く信じ、党と人民、プロレタリア革命事業に無限の忠誠を尽くした。さまざまな苦労と逆境にもめげず、奮闘し続け、党中央の三代にわたる指導者集団と政治的に一致し、党の基本路線を堅持した。マルクス主義の学習を怠ることなく、マルクス主義の立場と観点と方法を運用することに長け、問題を鋭敏に見つけて解決した。国家の前途に関わる重要な問題では原則を堅持し、確固たる立場で旗幟鮮明に、党の利益を第一に置き、共産党員が備えているべき党性を堅く持ち、革命とその建設事業のために心血を注ぎ、献身的に力を尽した。」

習仲勲は、陝甘辺区革命根拠地の主要な創建者と指導者の1人というだけでなく、我が国の改革開放事業の主な開拓者と推進者の1人でもあり、彼の生涯に一貫した偉大な精神は実事求是であった。

2005年5月24日、習仲勲の三回忌に、その遺骨は北京の八宝山革命墓地から故郷の陝西省富平県に移された。

関中の大地は彼の革命の起点であり、生涯気にかけていた場所であった。その日、関中の人々は各地から集まって来て、自然と道路の両側に粛然と起立し、習仲勲の魂が故郷に戻って来たのを見守った。

何年もあとでCCTVが放映したドキュメンタリー『習仲勲』にはこん

習仲勲の生涯―改革開放の立役者

2005年5月、北京の家で習仲勲の遺影を眺める斉心

2005年5月24日、陝西省富平県の人々が自発的に道路の両側に立ち、習仲勲の遺骨が故郷に帰るのを迎え入れる

2005年5月24日、習仲勲の遺骨は陝西省富平県に埋葬された

結び

な情景があった。

習仲勲の英霊を載せた車の列が富平に入って来ると、当時中共浙江省委書記だった習近平が、党旗をかぶされた父親の遺骨入れを抱いて、道路の両脇に直立する窓の外の人々をじっと見つめている。クローズアップの画面では習近平の目にも、親族たちの目にも熱い涙が溢れてくるのを人々は見ることができた。

習仲勲の魂が故郷に帰るこのシーンは、ドキュメンタリーが放映されると中国人の記憶に永遠に刻まれた。

「なぜいつも目に涙が溢れているのか。この土地への愛が深いからだ。」艾青の詩句は中国人の先賢への敬慕と足の下のこの土地への深い思いを表現している。

緑に囲まれた墓地に聳え立つ習仲勲の彫像。彫像の裏には夫人が書いた「一生戦闘、一生快楽。毎日奮闘、毎日快楽」の文字が刻まれている。

これは習仲勲の座右の銘であり、後世の人に遺した貴い精神の財産でもある。

習仲勲の生涯

1913 年　10 月 15 日、陝西省富平県淡村鎮中合村の農家に生まれる。

1922 年〜1925 年　都村小学校で学ぶ。

1926 年　立誠高等小学校で学ぶ。

　　　　5 月、中国共産主義青年団に入る。

1927 年　富平県第一高等小学校で学ぶ。

1928 年　1 月、陝西省立第三師範で学ぶ。

　　　　3 月、学生運動に参加して、逮捕される。

　　　　4 月、獄中で中共の正式党員になる。

　　　　8 月、保釈出獄。

1929 年　故郷で秘かに党員発展活動を始める。

1930 年　長武で兵運工作に身を投じる。

1931 年　5 月、鳳翔防衛工作、営委書記となる。

1932 年　4 月 2 日、劉林圃らと両当クーデターを指揮。部隊は陝甘遊撃隊第
　　　　五支隊に編成され、隊委書記となる。

　　　　9 月初め、耀県照金楊柳坪で劉志丹、謝子長と初めて会う。照金に
　　　　留まって群衆の組織を始める。

　　　　10 月中下旬、陝甘遊撃隊二大隊特務隊を率いて渭北ソビエト区に入
　　　　り、改編後の渭北遊撃隊第二支隊指導員になる。

　　　　12 月、淡村地区で穀物分配闘争の指導をする。淡村党支部と淡村遊
　　　　撃隊を組織する。

1933 年　2 月、共青団三原中心県委書記となる。

　　　　3 月、照金を中心とする陝甘辺区革命根拠地創建に身を投じる。中
　　　　共陝甘辺区特委委員、軍委書記となる。

　　　　4 月 5 日、陝甘辺区革命委員会副書記兼党団書記となる。

　　　　4 月、陝甘辺区遊撃隊総指揮部政治委員となる。

8月14日、陝甘辺党政軍聯会議を開き、陝甘辺区紅軍臨時総指揮部創設という重要な決定をする。

10月16日、薛家寨が落ちても照金に留まって闘争を続ける。

1934年 1月、陝甘第二路遊撃隊総指揮部隊委書記となる。南梁を中心とする陝甘辺区革命根拠地の創建を開始。

2月25日、陝甘辺区革命委員会復活、革命委員会主席となる。

10月、陝甘辺区軍政幹部学校政治委員になる。

11月7日、陝甘辺区ソビエト政府成立、ソビエト政府主席となる。

1935年 2月5日、中共西北工委委員となる。

4月、後方工作員と保衛隊、遊撃隊100名余りを率いて甘泉洛河川に転移する。

9月中旬、劉景范らと保安永寧山に長征を経て陝北に到着した紅25軍を出迎える。

10月、誤って粛清に遭い、逮捕監禁される。

同月、中央紅軍が陝北に到着、ただちに粛清の過ちを正す。

12月、瓦窰堡中共中央党校で学び、第三班主任となる。

1936年 1月、関中特区ソビエト政府副主席兼党団書記。

4月、中共関中工委書記。

5月、紅軍西方野戦軍が西征し、曲子、環県工委、環県県委を設立、書記となる。

9月、保安で中共中央政治局拡大会議に列席。中共関中特委書記兼関中遊撃隊政委。

10月、関中特区司令部政委。

1937年 5月、中共陝甘寧特区第一次代表大会に出席、執行委員になる。

10月、関中特区が関中分区と改称、分区第一次党大会を開催、関中分委書記兼分区保安司令部政委になる。

1939年 5月、関中分区行政督察専員公署専員になる。

9月、関中分区第二次党代表大会で書記となる。

11月から12月、中共陝甘寧辺区第二次代表大会に出席。

1940年 3月15日、陝甘寧辺区第二師範が関中分区馬家堡に設立され、校長

を兼任する。

7月、陽坡頭で関中分委常委拡大会議を開催、1年以来の反摩擦闘争の経験を総括し、新たな闘争任務を設定する。

9月、警一旅兼関中分区警備司令部政委に就任。

1941年　8月、西北党校校長に就任。

10月19日から翌年1月14日まで、中共西北中央局で開催された陝甘寧辺区高級幹部会議に出席する。

1943年　1月14日、陝甘寧辺区高級幹部会議閉幕式で経済建設の卓越な指導を表彰され、毛沢東に「党の利益が第一位」の題詞を贈られる。

2月、中共綏徳地委書記兼警備司令部政委。

4月中旬、部隊を率いて郝家村に1か月滞在して調査した結果、労働英雄劉玉厚を発見、全区の大生産運動を推進。

1944年　4月28日、斉心と綏徳地委駐屯地九貞観で結婚。

"左"偏向に断固反対し、幹部群衆を保護する。

1945年　4月23日から6月11日まで、中共第七次全国代表大会で中央委員に選ばれる。

6月、西北党の歴史座談会に出席。

7月から8月にかけて、爺台山反撃戦臨時指揮部政委となり、司令員張宗遜と部隊を指揮し爺台山反撃戦に勝利する。

8月、中共中央組織部副部長。

9月、陝甘寧晋綏聯防軍代政委。

10月、中共西北中央局工作を主宰する。

1946年　4月、陝甘寧辺区第三届参議会第一次会議で常駐議員に選ばれる。

6月、中共西北中央局書記。

7月から9月、南線を組織して出撃、中原突破後の第3、第5、第9旅団と呼応して辺区に引き返す。

10月、胡景鋒が国民党陝北保安部隊を率いて反乱を起こすのを策動する。

11月13日、陝甘寧辺区機関幹部動員大会で保衛辺区、保衛延安の戦備動員報告をする。

12月16日、彭徳懐と党中央の委託で、山西離石県高家溝で賀龍らと陝甘寧辺区、晋綏軍区、太岳地区の高級幹部会議を開く。

1947年　2月10日、陝甘寧野戦集団政委となり、司令員張宗遜と部隊を率いて隴東に出撃。

3月16日、毛沢東が中央軍委主席命令を発布、各兵団と辺区の一切の部隊は3月17日から彭徳懐と習仲勲の指揮に帰する。3月24日から5月4日、彭徳懐と部隊を指揮して3戦3勝し、1万4000名余りの敵を壊滅させる。

5月21日から7月7日、彭徳懐と部隊を率いて隴東に出撃、三辺に侵出、敵6200名余りを壊滅させ、環県、定辺、安辺、靖辺などの地を取り戻す。

7月21日から23日にかけて、靖辺県小河村で開かれた中共中央拡大会議に出席。陝甘寧晋綏聯防軍政委、西北人民解放軍野戦軍副政委、中共西北野戦軍前委委員に就任。

11月1日から25日、綏徳義合鎮で賀龍、林伯渠と陝甘寧辺区幹部会議を開催、全国土地会議の精神を通達徹底し、辺区土地改革と整党工作を手配する。

12月25日から28日、米脂県楊家溝で開かれた中共中央拡大会議に出席、会議の準備段階で毛沢東に土地改革に存在する問題を報告する。

1948年　1月4日、土地改革問題について西北局と中共中央に手紙を書く。

9日、毛沢東より「習仲勲同志の意見に完全に同意」の返電、1月19日、毛沢東に「土地改革中の"左"的情緒に注意」と打電、20日、毛沢東より「習仲勲同志の意見に完全に同意」の指示。

2月6日、毛沢東が習仲勲に電報で異なる地域での土地改革工作への意見を求める電報。8日、習仲勲が返電で3つの異なる地域ごとに土地改革を行うべきとする建設的意見を提出。

3月26日、賀龍、林伯渠と連名で「各地の文物古跡を保護する布告」を発布する。

5月26日から6月1日、中共西北野戦軍前委が洛川土基鎮で開いた第二次拡大会議でスピーチ。

7月14日、新解放区の工作問題について毛沢東に報告。24日、中央が返電で報告中に提案した各方針に同意、各中央局、分局に参考に転送する。

7月から8月、西北局幹部会議の開始と終了時に1948年の土地改革と整党工作について主題報告をする。11月14日、中共中央がこの報告を各中央局、分局に転送する。

11月、陝甘寧晋綏聯防軍区が西北軍区と改称され、政治委員に就任。

1949年　1月17日、中共西北野戦軍第一次代表大会で「都市接収の問題について」報告。

2月1日、西北野戦軍が中国人民解放軍第一野戦軍と改称され、副政治委員に就任。2月8日、陝甘寧辺区参議会常駐議員、政府委員代表臨席会議で大理議長に推挙される。

3月5日から13日、中共七届二中全会に出席。

6月8日、中共中央西北局第三書記、彭徳懐、賀龍が第一、第二書記。

7月27日から8月4日、関中新区地委書記会議を主宰、「関中新区工作の検討と当面の任務」の報告をする。

9月30日、中国人民政治協商会議第一届全体会議で中央人民政府委員会委員に選ばれる。

10月19日、中央人民政府人民革命軍事委員会委員に就任。

11月17日から22日、蘭州で彭徳懐と中共中央西北局拡大会議を主宰。

11月30日、第一野戦軍西北軍区政治委員。

12月2日、中央人民政府は彭徳懐を西北軍政委員会主席、習仲勲、張治中を副主席に任命。

1950年　1月19日、西北軍政委員会成立大会で就職スピーチをし、西北人民の忠実なる勤務員になることを誓う。

2月、中共中央西北局第二書記に、彭徳懐が第一書記になる。

3月4日、西北軍区政治委員。3月18日、西北財経責任者会議で「国家財政経済工作を統一し闘争する」とのスピーチをする。

6月、中共七届三中全会に出席。

7月10日から17日、西北軍政委員会第二次会議で「西北区土地改

革計画の報告」をし、西北土地改革委員会主任に推挙される。

10月、彭徳懐が朝鮮戦争に赴くと西北党政軍工作を主宰する。

1951年　4月、北京に行く途中、西安に立ち寄った第10世パンチェン・ラマを出迎える。

7月1日、西北局が開いた中国共産党成立30周年大会で「毛沢東と共に歩むことが勝利である」のスピーチをする。

9月22日、西北区第一次文化工作会議で「文化工作は経済建設に奉仕しなければならない」とするスピーチをする。

12月14日、中央人民政府と毛沢東主席を代表して、西寧にチベット入りする第10世パンチェン・ラマを見送る。

12月22日、中ソ友好協会西北総会会長に就任。

1952年　1月6日、西北局、陝西省、西安市機関処以上の幹部大会で、「大手を揮って群衆を発動し、汚職に反対し、浪費に反対し、官僚主義に反対する運動を展開する」という報告をする。

7月から8月、中共新疆分局第二届代表会議で、中央と毛沢東の新疆工作に対する重要な指示を伝え、新疆に出現している問題に適切な処理を進める。

8月7日、政務院文化教育委員会副主任に就任。11日、蘭州で項謙の招待会を開く。

9月3日、西北区首届林業工作会議でスピーチをし、全区の軍民に西北の緑化を呼びかける。9月22日、中共中央宣伝部部長に就任する。

11月16日、国家計画委員会委員を兼任する。

12月7日から8日にかけて、西北軍政委員会第六次会議を開催、行政区人民政府（軍政委員会）機構と任務の改変についての報告をする。

1953年　1月、中華人民共和国憲法起草委員会委員に就任。1月13日から21日、全国大区文教委主任会議を開き、本年度の文教工作方針を提出。1月14日、西北軍政委員会が西北行政委員会と改名し、副主席に就任する。

9月18日、政務院秘書長に就任する。

1954年　3月12日から23日、全国文教工作会議を開催、報告する。

5月、第二次全国宣伝工作会議で総括する。

9月、第一届全国人民代表大会第二次会議に出席、国務院秘書長に任命される。

1955年　1月、国務院機関党組書記を兼任する。

9月27日、中国人民解放軍軍官綬章式で将校授章命令を宣読する。

1956年　9月、中共第八次全国代表会議に出席、中央委員に選ばれる。

1957年　5月31日、全国来信来訪工作会議でスピーチする。

11月26日、周恩来と幹部の下放問題を研究。

1958年　4月、周恩来と飛行機で三門峡ダム工事を視察。周恩来、彭徳懐と河南鄭州市郊外に農業生産を視察。

6月、北京十三陵ダムのボランティア労働に参加。

9月から10月、陝西、甘粛、寧夏、青海、内モンゴルなどの省（区）を視察、9月6日と7日は富平視察。

12月、周恩来に国務院組織機構問題を報告。

1959年　3月19日から25日、朱徳率いる中国党政代表団としてハンガリーを訪問。

4月、二届全国人大一次会議で国務院副総理兼秘書長に任命される。

5月から6月、工作組を連れて河南、陝西に鋼鉄精錬、人民公社の理解に赴く。

7月2日から8月16日、江西廬山で開かれた中共中央政治局拡大会議と中共八届八中全会に出席。

8月下旬から9月初め、中国政府代表団を率いて、ソ連、チェコスロバキアを訪問。

1960年　9月、中共中央に「中央各部門機構の編制状況と意見を簡明にする報告」を行う。

1961年　2月、内モンゴル自治区視察、ウランフらと春節を過ごす。

4月から5月、中央調査組を連れて、河南長葛県調査に行き、人民公社と農村の食堂に存在する問題について、二度中央に書面報告をする。

10月、ネパール国王に随行して杭州を訪問。

1962年　7月30日から8月24日、全国中等工業都市座談会を開催。

習仲勲の生涯

319

9月、中共八届十中全会で康生に誣告を受け、いわゆる"小説『劉志丹』問題"が立案審査される。

1963年から1964年

中央直属の高級党校で"学習"、審査を受ける。

1965年　12月、洛陽礦山機器工場に下放され、副工場長になる。

1968年　1月3日、周恩来の手配で中央弁公庁に北京に戻され、衛戌区で監視される。

1972年　冬、周恩来の手配で家族と7年ぶりに会う。

1975年　5月、監視を解かれ、洛陽耐火材料工場で"病気休養"する。

1978年　2月24日から3月8日、特別招聘委員の身分で全国政治協商五届第一次会議に出席、全国協商常務委員に選ばれる。

4月、中共広東省第二書記、省革命委員会副主任になる。

11月10日から12月15日、中央工作会議に参加、広東をいかにして発展させるかなどの問題について発言する。

12月11日、中共広東省第一書記、省革命委員会主任になる。12月18日から22日、中共十一届三中全会に出席、中央委員に選ばれる。

12月26日、『人民日報』に「陝甘高原を太陽が照らす」を発表、毛沢東生誕85周年を記念。

1979年　3月15日、中共広東省委党校校長を兼任。

4月5日から28日、中央工作会議に出席、中央に権力を少し緩めて広東に一歩先に改革開放させるよう希望を提出する。

7月15日、中共中央、国務院は正式に広東が対外経済活動で特殊政策を実行し、臨機応変な措置を採り、深圳、珠海を輸出特区として試すことを批准する。

8月4日、中共中央は中央組織部に「小説『劉志丹』名誉回復の報告」を批准転送する。

11月22日から12月6日まで、広東省友好代表団を率いてオーストラリア・ニューサウスウェールズ州を訪問。

12月6日から12日まで、オーストラリアからの帰途、香港を訪問。

12月、広東省長に任命される。

1980 年　1 月、広州軍区第一政治委員を兼任。

2 月 25 日、中共中央は「いわゆる"習仲勲反党集団"名誉回復の通知」を発する。

4 月 27 日から 5 月 17 日まで、葉剣英に随行して深圳、珠海、海南、梅県などを視察。

6 月 4 日から 7 日、マカオ訪問。

9 月、五届全国人大三次会議で全国人大常委会副委員長に選ばれる。

10 月 20 日から 11 月 6 日まで、中国省長代表団を率いてアメリカを訪問。

11 月 9 日、中央の仕事に戻される。

1981 年　3 月、中共中央書記処の仕事に参加する。

5 月下旬から 6 月上旬にかけて、全国人大代表団を率いてフィンランド、スウェーデン、ノルウェー、デンマークを訪問。

6 月 27 日から 29 日、中共十一届六中全会に出席、中央書記処書記に選ばれる。

9 月、スウェーデンのグスタフ国王に随行して、西安、成都、上海を訪問。

11 月 15 日から 25 日、江西視察。11 月 30 日から 12 月 13 日、五届全国人大四次会議に出席、法制委員会主任委員を兼任。

1982 年　1 月 14 日から 23 日まで雲南で中央の経済に打撃を与える犯罪問題について緊急通知を伝えに行き、玉渓、紅河、曲靖など 3 州 7 県に考察に行く。

5 月 26 日、チベット入りする第 10 世パンチェン・ラマと会見する。

9 月 1 日から 11 日、中共第十二次全国代表大会に出席、中央委員に選ばれる。9 月 12 日と 13 日、中共十二届一中全会に出席、中央政治局委員、書記処書記に選ばれ、中央書記処の日常業務の責任を負う。

10 月 8 日から 16 日、全国人大代表団を率いて北朝鮮訪問。

1983 年　2 月、福建考察。

3 月 8 日、各省、自治区、直轄市の人大常委会責任者座談会でスピーチをする。

11月23日から12月3日まで、中国共産党代表団を率いてフランスを訪問。

1984年　3月30日から4月6日まで、中華人民共和国特使の身分でギニア大統領の葬儀に参列。帰途に新疆で4日間考察。

5月20日から6月12日、南共連盟代表団に随行して上海を訪問。続いて、浙江（杭州）、江蘇（蘇州、無錫、南京）、山東（済南）などの地で調査研究整党工作。

10月30日から11月8日まで、中国党政代表団を率いて、アルジェリア武装革命30周年式典に参加。

1985年　2月6日、全国統一戦線理論工作座談会でスピーチし、党の統一戦線は依然として一大法宝であると強調する。

9月24日、中共十二届五中全会で中央書記処書記の職務を辞去する。

10月から12月、江蘇、上海、江西、湖北などを考察。

1986年　1月、全国宗教局長会議に出席、スピーチをする。

4月、「洛陽礦山機器工場の一年」を執筆。

6月、中共代表団を率いて南共連盟十三大に参加。

11月、全国民委主任会議に出席してスピーチする。

1987年　2月11日から3月16日、広東、湖南を視察。

10月25日から11月1日、中共第十三次全国代表会議に出席。

12月4日から翌年1月6日まで、湖南、広東、海南を視察。

1988年　3月25日から4月13日、七届全国人大一次会議に出席、全国人大常委会副委員長兼内務司法委員会主任委員に選ばれる。

4月20日、「英明な決策、偉大な勝利」を発表、転戦陝北勝利40周年を記念する。

6月12日から20日、広東江門外海大橋落成式に参加、広州、深圳を視察する。

7月8日から15日、全国人大代表団を率いて北朝鮮訪問。

12月、広東視察。

1989年　1月、内務司法監督工作座談会を開催。

2月、陝西視察。

3月、王漢斌らと行政訴訟草案修正問題を研究。

12月、深圳考察。

1990年　7月、第一野戦軍戦史編纂委員会設立会議に出席、編集委員会主任委員になる。

1995年　12月、『習仲勲文選』出版。

1999年　9月30日、国務院が挙行した中華人民共和国成立50周年国慶招待会に出席。

10月1日、首都各界が慶祝する中華人民共和国成立50周年大会に参加、当日夜の国慶晩餐会に出席する。

2000年　5月、次世代工作表彰大会に出席。

11月、深圳経済特区建設20周年祝賀会に出席。

2002年　5月24日5時34分、永眠。享年89歳。

本書の写真は新華社、中央新影などの媒体、習仲勲同志の親族およびスタッフより提供いただきました。ここに御礼申し上げます。

著者・翻訳者略歴

著者

夏蒙（シア　モン）
1961年12月生まれ。山東省蒙陰出身。CCTV記者。ドキュメンタリー映画監督。
中共中央党校採録編集顧問、中国共産党大会第一回大会記念館特約研究員。

王小強（ワン　シャオチアン）
1974年10月生まれ。陝西省富平出身。地方党史研究専門家、陝西省富平県党
史研究室主任。

翻訳者

水野衛子（みずの　えいこ）
1958年生まれ。慶應義塾大学文学部中国文学専攻卒業。現在、中国映画・中国
文学の翻訳業。

字幕翻訳作品	張芸謀監督：『活きる』、『HERO』、『初恋のきた道』、『妻への家路』ほか
	陳凱歌監督：『始皇帝暗殺』、『北京ヴァイオリン』、『運命の子』
	姜文監督：『さらば復讐の狼たちよ』
	陸川監督：『ココシリ』など
翻訳書	劉震雲：『盗みは人のためならず』、『わたしは潘金蓮じゃない』（共に彩流社）
	劉暁慶：『中国大女優 恋の自白録』（文藝春秋社）
	金仁順：『トラジ～桔梗謡～』、『9人の隣人たちの声』（勉誠出版社）
	石舒清：『賀家堡・家を作る』（『イリーナの帽子』、トランスビュー）
	李敬沢：『趙氏孤児』（『灯火』、外文出版社）など
著書	『私の愛する中国映画』（日中対訳、外文出版社）

習仲勲の生涯—改革開放の立役者

2017 年 9 月 7 日　初版第 1 刷発行

著　　者	夏蒙　王小强	
翻 訳 者	水野衛子	
発 行 者	向安全	
発　　行	科学出版社東京株式会社	

　　　　　　〒 113-0034　東京都文京区湯島 2 丁目 9-10　石川ビル 1 階
　　　　　　TEL 03-6803-2978　FAX 03-6803-2928
　　　　　　http://www.sptokyo.co.jp

組　　版	越郷拓也	
装　　丁	長井究衡	
印刷・製本	モリモト印刷株式会社	

ISBN 978-4-907051-20-4　C0023

《習仲勲画伝》© Xia Meng, Wang Xiaoqiang, 2014.
Japanese copyright © 2017 by Science Press Tokyo Co., Ltd.
All rights reserved original Chinese edition published by People's Publishing House.
Japanese translation rights arranged with People's Publishing House.

定価はカバーに表示しております。
乱丁・落丁本は小社までお送りください。送料小社負担にてお取り換えいたします。
本書の無断転載・模写は、著作権法上での例外を除き禁じられています。